Bochumer Fenster zur Vergangenheit:
Die Reformation in Bochum und der Grafschaft Mark

hrsg. von Arno Lohmann, Peter Luthe und Stefan Pätzold

Mit Beiträgen von

Stefan Pätzold
Michael Basse
Clemens Kreuzer
Ralf-Peter Fuchs
Dieter Scheler
Katharina Breidenbach

Evangelische Perspektiven
Schriftenreihe der Evangelischen Kirche in Bochum
in Zusammenarbeit mit der Evangelischen Stadtakademie Bochum

In der Schriftenreihe sind bisher neun Hefte erschienen.
Erschienen in 2016:

Heft 7:
Die Illusion vom Krieg.
Der Erste Weltkrieg als kulturgeschichtlicher Umbruch
Arno Lohmann (Hg.)
1. Auflage Oktober 2016
ISBN 9783741292118

Heft 8:
Günter Brakelmann
Vorträge zu „Luther als Mensch" in der Stiepeler Dorfkirche
Stiepeler Lektionen II
1. Auflage September 2016
ISBN 9783741295669

Erschienen in 2017:

Heft 9:
Beiträge „mystischer" Traditionen in den Weltreligionen
zu einer ganzheitsorientierten Spiritualität der Gegenwart
Festschrift im Rahmen des 60-jährigen Bestehens der
Evangelischen Stadtakademie Bochum 2013
Hrsg. von Arno Lohmann
1. Auflage Februar 2017 / 2. Auflage Juni 2017
ISBN 9783743134416

Heft 10:
Bochumer Fenster zur Vergangenheit:
Die Reformation in Bochum und der Grafschaft Mark

Herausgegeben von Arno Lohmann, Peter Luthe und Stefan Pätzold
ISBN 9783744875318

Evangelische Kirche in Bochum
Westring 26a, D-44787 Bochum
Telefon 0234 - 962 904-0
http://www.kirchenkreis-bochum.de

Das vorliegende Heft ist zu beziehen bei:
Evangelische Stadtakademie Bochum
Westring 26a, D-44787 Bochum
Telefon 0234- 962904-661
office@stadtakademie.de
http://www.stadtakademie.de

Bochumer Fenster zur Vergangenheit: Die Reformation in Bochum und der Grafschaft Mark

Herausgegeben von Arno Lohmann,
Peter Luthe und Stefan Pätzold

Mit Beiträgen von

Stefan Pätzold
Michael Basse
Clemens Kreuzer
Ralf-Peter Fuchs
Dieter Scheler
Katharina Breidenbach

Bibliografische Information der Deutschen Bibliothek:
Die Deutsche Bibliothek verzeichnet diese Publikation in der Deutschen Nationalbibliografie;
detaillierte bibliografische Daten sind im Internet unter www.dnb.de abrufbar.

1. Auflage Juli 2017
© beim Herausgeber
Redaktion: Arno Lohmann, Peter Luthe und Dr. Stefan Pätzold
Gestaltung: Q3 design, Dortmund
Umschlag: Abb. fotolia.com: York; Ekaterina Fribus

ISBN 9783744875318

Herstellung und Verlag:
BoD – Books on Demand GmbH
In de Tarpen 42
D-22848 Norderstedt
Telefon (+49) 0 40 - 53 43 35 - 0
Telefax (+49) 0 40 - 53 43 35 - 84
Web: www.bod.de
e-Mail: info@bod.de

Inhalt

Vorwort und Dank

Bochumer Fenster zur Vergangenheit
Die Reformation in Bochum und der Grafschaft Mark

Im Rahmen der Vorbereitungen zum 500. Reformationsjubiläum fand 2015 in einer Kooperation der Evangelischen Stadtakademie mit dem Bochumer Zentrum für Stadtgeschichte und dem Katholischen Forum Bochum eine mit über 1.000 Besuchern gut besuchte Veranstaltungsreihe unter dem Titel „Bochumer Fenster zur Vergangenheit" statt.

Diese fünfteilige Vortragsreihe war der mittelalterlichen Geschichte der fünf ältesten Bochumer Gotteshäuser gewidmet: der Dorfkirche Stiepel, der Propsteikirche St. Peter und Paul in Bochum, der Kirche St. Vinzentius in Harpen, der Propsteikirche St. Gertrud in Wattenscheid sowie der Ev. Christuskirche in Langendreer. Zunächst erläuterte ein Vortrag die Geschichte des jeweiligen Gotteshauses, daran schloss sich eine kunsthistorische Führung durch die Kirche an; zum Abschluss in Langendreer fand ein Gitarren-Konzert mit mittelalterlichen Instrumenten statt.

Den Anlass zu dieser Reihe bot eine Ausstellung des Bochumer Zentrums für Stadtgeschichte, in der zahlreiche mittelalterliche Urkunden der Stadt gezeigt wurden, darunter eine 1415 auf dem Konzil zu Konstanz ausgefertigte Ablassurkunde für die Bochumer Peterskirche, die heutige Propsteikirche.

Die positive Resonanz auf diese erste Themenreihe ermutigte die Veranstalter die „Bochumer Fenster zur Vergangenheit" im Herbst 2016 chronologisch fortzusetzen und in einem zweiten Teil die Einführung der Reformation in Bochum und in der Grafschaft Mark näher zu untersuchen.

Diesen zweiten Teil der Vortragreihe dokumentiert der hier vorgelegte Band 10 der Evangelischen Perspektiven mit seinen fünf Beiträgen.

Die Reformationsgeschichte des heutigen Ruhrgebietes zeichnet sich durch vielfältige Entwicklungen aus, die vor allem mit den politischen Rahmenbedingungen zusammenhingen. So verfolgte das Herzogtum Jülich-Kleve-Berg, zu dem auch die Grafschaft Mark gehörte, in religionspolitischer Hinsicht eine mittlere Linie zwischen dem Katholizismus und dem Luthertum. Damit wurde den einzelnen Gemeinden ein gewisser Spielraum in der Gestaltung der religiösen Praxis eröffnet. Charakteristisch für die Anfänge der Reformation in dieser Region waren die Einführung einer evangelischen Predigt, das Singen von Lutherliedern und die Feier des Abendmahls in beiderlei Gestalt (d.h. mit Brot und Wein). Nach dem Augsburger Religionsfrieden 1555 verstärkten sich dann die Bemühungen, die Reformation einzuführen. Dabei kam es auch zu innerprotestantischen Konflikten zwischen Lutheranern und Reformierten, die im Zuge der Emigration von Glaubensflüchtlingen aus den Niederlanden ins Ruhrgebiet einwanderten.

Anders als in vielen anderen Städten der Region sind darum die Anfänge der Reformation in Bochum, bedingt durch die politischen Verhältnisse erst relativ spät, ab circa 1570 anzusetzen. Es dauerte lange, bis reformatorisches Gedankengut in Bochum und der Grafschaft Mark etabliert war. Auch am Ende dieses Vorgangs, der sich über das 16. und 17. Jahrhundert erstreckte, herrschte keineswegs ein einheitliches protestantisches Theologie- und Liturgieverständnis vor, vielmehr war eine außergewöhnliche „mehrkonfessionelle Kultur" (Dieter Scheler) entstanden.

Diese spannende, wechselvolle Entwicklung der Reformation in unserer Region will dieser Vortragsband erhellen und dokumentieren.

Mein Dank gehört den Autoren und der Autorin dieses Bandes für ihre sachkundigen historisch und kirchengeschichtlich fundierten Beiträge. Ich danke Dr. Stefan Pätzold, dem stellvertretenden Leiter des Bochumer Stadtarchivs, und Peter Luthe, dem Leiter des Katholischen Forums Bochum, für die kooperative Zusammenarbeit in der Durchführung dieser Veranstaltungsreihe sowie Herrn Clemens Kreuzer, der die Entstehung dieses Heftes durch seine historische Sachkenntnis erheblich gefördert hat.

Den Verantwortlichen der Pauluskirche, der Stiepeler Dorfkirche, der Gemeinde Querenburg und der Evangelischen Kirchengemeinde am Alten Markt in Wattenscheid sowie den dortigen Kirchenführerinnen und -führern ist zu danken, dass eine Busexkursion am 23. September 2016 zu den authentischen Orten der Reformation in Bochum möglich wurde. Ein besonderer Dank gehört dem Katholischen Forum Bochum sowie dem Evangelischen Kirchenkreis Bochum und Herrn Superintendent Dr. Gerald Hagmann für die Beteiligung an der Herausgabe dieses Bandes der Evangelischen Perspektiven.

Die durch die politischen Umstände im 16. Jahrhundert in Bochum erzwungenen vielfachen Kooperationen zwischen Protestanten und Katholiken, wie sie sich u.a. in der etwa 100-jährigen gemeinsamen Nutzung der Kirche St. Peter und Paul widergespiegelt haben, waren, wie Michael Basse schreibt, in ihrer Zeit politisch geboten. Aus heutiger Sicht vielleicht eine ökumenische Zukunftsperspektive – im Rückblick jedenfalls ein Beispiel für eine interkonfessionelle Toleranz, die in damaliger Zeit keineswegs üblich war.

Arno Lohmann

Gute Zeiten – schlechte Zeiten
Bochum während der Reformationszeit

Stefan Pätzold

Während die anderen Vorträge der Reihe „Bochumer Fenster zur Vergangenheit. Die Reformation in Bochum und der Grafschaft Mark" sich mit theologischen, politischen, sozialen und kulturellen Aspekten jenes buchstäblich epochemachenden kirchengeschichtlichen Vorgangs beschäftigen, soll in diesem Beitrag Bochum selbst in den Vordergrund gerückt werden. Dessen Einwohnerinnen und Einwohner hatten im 16. und 17. Jahrhundert Furchtbares zu erdulden, vermochten aber die Katastrophen zu überstehen und die Krisen zu bewältigen – das Leben ging eben weiter, und auf schlechte folgten gute, oder jedenfalls bessere Zeiten. Überblicksartig wird hier nun der Zeitraum von 1517 bis 1698 behandelt, der, vielleicht zu willkürlich, mit der Weihe der reformierten Kirche endet. Dass die Darstellung mit dem Jahr 1517 beginnt, liegt weniger an Luthers Thesenpublikation, denn sie war zunächst für die Bochumerinnen und Bochumer belanglos. Vielmehr wurde ihr Leben von einem verheerenden Stadtbrand bestimmt, der den Ort in jenem Jahr verwüstete. Bochums Geschichte während der Reformationszeit soll nun in drei Kapiteln dargestellt werden. Sie tragen die folgenden Überschriften: 1. Brände und andere Katastrophen – die schlechten Zeiten; 2. Glaubensfragen: Rahmenbedingungen der Reformation in Bochum; und 3. Wie das Leben so spielte: Verfassung und Alltag des Ackerbürgerstädtchens.[1]

1. Brände und andere Katastrophen – die schlechten Zeiten

Am Tag des heiligen Markus, also am 25. April, des Jahres 1517 brach im Haus von Johannes Schriver, dem landesherrlichen Rentmeister von Blankenstein, ein Feuer aus.[2] Es legte nahezu die ganze Stadt in Schutt und Asche. Das Rathaus sowie die Häuser und die Habe der meisten Bürger verbrannten. Auch die aus Stein gebaute Peterskirche wurde nicht verschont: Übrig blieben nur der Chor sowie Teile der seitlichen Anbauten und des Turms. Angesichts der beinahe völligen Zerstörung und der damit einhergehenden Vernichtung von Besitztümern und Werten ging der Wiederaufbau nur langsam voran. Im Jahr 1519 bot sich ein trauriges Bild: Inmitten der Trümmer standen rasch zusammengezimmerte Bretterbuden ungeordnet nebeneinander; nur hier und da waren schon wieder neue Häuser errichtet worden. Selbst 1533 waren 13 Prozent der Hausstellen noch nicht wieder besetzt. Damals gab es in Bochum nur mehr 155 Haushaltungen und damit, will man pro Haushalt fünf Personen veranschlagen, 775 Bewohnerinnen und Bewohner (mit oder ohne Bürgerrecht) sowie eine unbekannte Zahl von Gästen in der Stadt. Die Bochumerinnen und Bochumer waren verarmt. Da half es auch nur wenig, dass ihnen der unglückliche Johann Schriver 1524 als Schadenersatz 20 Goldgulden zahlte.

Der Wiederaufbau schleppte sich dahin. Seine unermüdlich treibende Kraft war der hoch angesehene Bürger und spätere Bürgermeister, der Kirchrat, Stadt- und Gerichtsschreiber sowie Rentmeister Johann Theile (gest. 1562). Davon zeugen das von ihm 1519 selbst angelegte so genannte Bürgerbuch der Stadt und das Lagerbuch der Pfarrkirche. Bis 1553 ist seine Handschrift als einzige in allen städtischen Aufzeichnungen zu finden. Während der Neubau des Rathauses bereits um 1525 abgeschlossen und damit einigermaßen rasch vonstattengegangen war, zogen sich, schon aus finanziellen Gründen, die Arbeiten an der Pfarrkirche in die Länge. Die notwendigen Geldmittel wurden mühsam durch Umlagen in der Gemeinde und durch den Verkauf von Kirchenland aufgebracht. Im Sommer 1521 konnte man das Gotteshaus und seinen Begräbnisplatz neu weihen; die Gewölbe wurden 1535/36 eingezogen; die Aufrichtung der Turmspitze begann 1547, aber erst 1599 wurde das provisorische Strohdach des Turmes durch ein Schieferdach ersetzt.

Nicht nur der Geldmangel beeinträchtigte den langandauernden Wiederaufbau der Stadt, sondern auch weitere Katastrophen. Am 28. September des Jahres 1581 zerstörte erneut ein Brand 110 Häuser. Darüber hinaus suchten die Menschen schlimme Seuchen heim: Im Jahr 1529 wütete eine mysteriöse, „Englischer Schweiß" genannte, Krankheit und 1544, 1583 und 1589 brach jeweils die Pest aus. Viele Menschen, so heißt es in der Chronik des Dortmunders Dietrich Westhoff, der um 1551/52 selbst an der Pest starb, verließen im Sommer 1544 aus Furcht vor der „gruwelichen pestilenz" die Stadt und hausten lieber im Wald oder kampierten in Hütten auf dem freien Feld.[3]

Doch damit nicht genug: Das geplagte Bochum war seit der zweiten Hälfte des 16. Jahrhunderts bis weit in das 17. Jahrhundert hinein immer wieder von Kriegszügen und Einquartierungen betroffen. Denn im Verlauf des achtzig Jahre dauernden Spanisch-Niederländischen Kriegs (1568-1648), durch den die damaligen Niederlande ihre Unabhängigkeit vom habsburgischen Spanien erringen wollten, fielen immer wieder Kriegshaufen in die klevisch-märkischen Lande ein. So traf es das Amt Bochum 1586, als spanische Truppen dort ihre Winterquartiere bezogen. Als zudem Herzog Johann Wilhelm von Jülich-Kleve-Berg sowie Graf von der Mark und Ravensberg (gest. 1609), körperlich wie seelisch erkrankte und kinderlos blieb, begannen obendrein noch die Auseinandersetzungen um die Nachfolge in seinen Territorien. Um Tatsachen zu schaffen, drangen spanische Truppen aus den habsburgischen Niederlanden abermals in die Mark ein und besetzten 1599 auch Bochum. Die Bevölkerung litt erheblich unter dem spanischen Kriegsvolk. Als die Spanier schließlich abzogen, plünderten sie Bochum gründlich und nahmen mit, was sie gebrauchen konnten. Bereits in den Jahren 1605 und 1606 waren sie wieder im Land, und im Winter 1622/23 wurde Bochum erneut besetzt. Wieder litten die Menschen, die 1623 zu allem Übel auch noch die Pest heimsuchte, unter den fremden Kriegshaufen. Da mittlerweile der Dreißigjährige Krieg (1618-1648) ausgebrochen war, blieb die Bedrohung durch feindliche Truppen noch etliche Jahre bestehen.[4]

2. Glaubensfragen: Rahmenbedingungen der Reformation in Bochum

Am 31. Oktober 1517, also ein halbes Jahr nachdem Bochum abgebrannt war, sandte der Wittenberger Professor der Bibelauslegung Dr.

Martin Luther (1483-1546) 95 lateinische Thesen gegen den Missbrauch des Ablasses an Erzbischof Albrecht von Magdeburg und andere hochrangige Geistliche. Damit löste der unbeugsame Augustinereremit zunächst eine theologische Diskussion und – nach dem Druck seiner Thesen – eine religiöse, intellektuelle und politische Entwicklung aus, die er wahrscheinlich so weder vorhergesehen noch beabsichtigt hatte. Seine Ansichten erschütterten Kirche, Gesellschaft und Reich in einem ungekannten Maß. Bis seine Vorstellungen in die Grafschaft Mark und nach Bochum vordrangen und dort wirksam wurden, verging allerdings noch geraume Zeit. Die Einführung lutherischen Denkens hing sowohl von der religiösen und politischen Haltung der Landes- bzw. Stadtherrn, die zugleich auch weltliche Patrone der Bochumer Pfarrkirche waren, als auch von den Anschauungen der jeweiligen Pfarrer sowie der Gemeindemitglieder ab. Von einer geradlinigen, organisierten und raschen Durchsetzung des Luthertums konnte jedenfalls keine Rede sein. Jeder Ort im Herzogtum Kleve-Mark entschied selbst über seine Haltung in der Frage der Religionsausübung.

Graf Johann III. von Kleve-Mark, Jülich, Berg und Ravensberg (1521-1539) stand lutherischen Ansichten überwiegend ablehnend gegenüber, auch wenn er ausgleichend handelte. Sein Nachfolger Wilhelm V. (1539-1592) war zwar reformfreundlich und verlieh dem Luthertum Auftrieb, blieb aber nominell katholisch – und das galt entsprechend den Beschlüssen des Augsburger Religionsfriedens von 1555 („cuius regio, eius religio") damit auch für seinen Herrschaftsbereich. Die Religionspolitik der Herzöge von Kleve-Mark zielte somit auf Reformen, nicht aber auf eine Reformation und wurde schon von Zeitgenossen als „Via media" (Mittelweg) bezeichnet. Mit dem seit 1609 ausgetragenen Streit der erst lutherischen, dann katholischen Fürsten von Pfalz-Neuburg und der erst lutherischen und dann reformierten Kurfürsten von Brandenburg-Preußen um Kleve-Mark wurden die Verhältnisse nicht einfacher. Vor diesem Hintergrund und den bisweilen erregten Diskussionen und Streitigkeiten um den rechten Glauben zwischen Katholiken, Lutheranern (Protestanten) und Calvinisten (Reformierten) kam es in der Mark wie in Bochum während des 16. und 17. Jahrhunderts zeitweilig zur Ausbildung von Mischformen in Gottesdienst und Glaubensunterweisung (der sog. Katechese). Die erste lutherische Generalsynode fand in der Grafschaft im Jahr 1612 in Unna statt.[5]

Lutherische Bücher oder Prediger aus benachbarten Städten mögen Bochum schon früh, vielleicht um 1540, erreicht haben; deutliche Spuren hinterließen sie indes noch nicht. 1556 ließ Herzog Wilhelm in seinen Landen „Gottes Wort lauter und rein" predigen sowie Prozessionen verbieten und erlaubte zwei Jahre später die Verbreitung von Luthers Rechtfertigungslehre, das Abendmahl in beiderlei Gestalt sowie Geistlichen die Eheschließung. Wegbereiter der Reformation „von unten" in Bochum war Johann Bömken, der seit 1557 als Frühmessner und seit 1572 als Pfarrer der Peterskirche amtierte. Obgleich weiterhin nominell katholischer Geistlicher, verwendete er doch lutherische Bücher und ließ neben den traditionellen lateinischen auch deutsche Kirchenlieder singen. So trug er in der zweiten Hälfte des 16. Jahrhunderts zu einer halb unbewussten Annahme protestantischer Anschauungen durch die Gemeindemitglieder bei. Die Schulmeister Adolph Abeli und sein Nachfolger Dietrich Schluck legten ihrem Unterricht an der Wende vom 16. zum 17. Jahrhundert einen lutherischen Katechismus zugrunde. In den Pfarrgemeinden der Umgebung war es kaum anders, so etwa in Langendreer, Ümmingen, Weitmar, Stiepel oder Harpen. Selbst in dauerhaftem Konkubinat lebende oder verheiratete Pfarrer, wie Heinrich Stoedt in Harpen (gestorben 1576), dessen Aufzeichnungen einen guten Einblick in die rechtlichen und finanziellen Verhältnisse seiner Pfarrei wie seines eigenen Haushalts erlauben, waren weiterhin katholisch.[6]

Aufsehen erregte in jener Zeit allerdings die Vertreibung der massiv angefeindeten Dominikaner aus Bochum. Aus nicht überlieferten Gründen wurden sie als „Wölfe" und „Diebe" beschimpft und, wie sie klagten, mit Dreck und Steinen beworfen – vielleicht wegen der Beteiligung des Ordens an Inquisitionsverfahren, Ablassgeschäften oder dem Ketzerprozess gegen Martin Luther, vielleicht aber auch, weil die Lebensweise einiger (Bochumer) Brüder, falls manche üble Nachrede im Kern zutraf, nicht den Ordensidealen entsprach. Jedenfalls kam es in den Jahren von 1579 bis 1583 unter Führung von Pfarrer Bömken zu heftigen

Auseinandersetzungen zwischen Bochumern und Dominikanern um deren Unterkunft, Hof und Garten (nach heutigen Begriffen in der Brüderstraße), die schließlich so sehr eskalierte, dass die Mönche ihre Terminei aufgaben.

Als 1642 Befragungen in den Gemeinden nach den religiösen Verhältnissen im Jahr 1609 durchgeführt wurden, ergaben sie einen undeutlichen Befund: Unklare Begriffe aus den verschiedenen Konfessionen wurden nebeneinander benutzt, und der mit der Befragung in Bochum beauftragte Drost Wennemar von Neuhoff auf Haus Rechen vermerkte verwirrt, dass 1609 kein Unterschied in der Religionsausübung zwischen Katholischen und Evangelischen bestanden habe. Genauer betrachtet ist dieser Befund eigentlich so überraschend nicht, spiegelt er doch sowohl die bis dahin ambivalente Haltung der Landesherrn als auch die Unfertigkeit einer evangelischen Kirchenorganisation sowie eine daraus resultierende Vorsicht der Geistlichen wie der Gläubigen wider, die entweder ihre Lebensgrundlage nicht verlieren oder aber keinen unnötigen Anfeindungen heraufbeschwören wollten. Offenbar waren die Bochumerinnen und Bochumer – zumindest anfangs – keine religiösen Eiferer.

Ab 1609 gewann die Frage der Religionsausübung allerdings durch den Wechsel in der Landesherrschaft an Dynamik. Die um die Vorherrschaft in Kleve-Mark streitenden Pfälzer und Brandenburger duldeten alle drei Konfessionen jener Zeit. Sie versprachen, wie man damals formulierte, „hinsichtlich der Religionsausübung die katholische-römische wie auch andere christliche Religionen [...] an einem jeden Ort in öffentlichen Gebrauch und Übung zu continuieren, zu mantenieren, zuzulassen und darüber niemand in seinem Gewissen noch Exercitio zu turbieren, zu molestieren, noch zu betrüben".[7] Das beförderte die Aktivitäten gerade der Protestanten. Wenn die Überlieferung nicht trügt, fand 1610 die erste lutherische Predigt im Haus des Schultheißen Dietrich Elberts statt. Allerdings war es zuvor zu einer unschönen Schlägerei zwischen aufgebrachten Katholiken und den Begleitern des Predigers Jonas Braun auf dem Weg von Hattingen nach Bochum gekommen. Trotzdem nahm lutherisches Leben in Bochum alsbald eine festere Gestalt an. Die Stadt stellte die Einkünfte der Vikarie der heiligen Jungfrau Maria fortan einem lutherischen Prediger zur Verfügung. Bestallt wurde Melchior Ebbinghaus, der zunächst im Haus des Schultheißen und später im Saal der Rentei seiner Pflicht nachkam. Im Jahr 1613 sonderte sich dann die lutherische formal von der katholischen Gemeinde ab. Unter dem Schutz der Brandenburger breitete sich zudem auch das reformierte Bekenntnis aus.

Besonders schwierig waren die Zeiten für die Protestanten während der wiederholten Besetzung Bochums durch spanische Truppen. Das galt gerade für das Jahr 1622: Die Spanier stellten den katholischen Gottesdienst in alter Form wieder her, wandelten den Gebetssaal der Lutheraner in ein Wachlokal um und vertrieben Prediger Ebbinghaus unter brutaler Gewaltanwendung. Die auch nach dem Abzug der Besatzer vorkommenden Schlägereien zwischen Katholiken und Protestanten verschärften die Spannungen zwischen den Konfessionen und hinterließen tiefe Gräben zwischen ihren jeweiligen Anhängern.

Dessen ungeachtet schritt die Gemeindebildung voran. 1634 entstand die kleine reformierte Gemeinde, deren Pastor mit der Corpus Christi-Vikarie versorgt wurde. In der lutherischen Gemeinde wurde Johann Ostermann, dem Sohn des Bürgermeisters Matthäus Ostermann, noch vor seiner Ordination die Predigerstelle zugewiesen. Mit seinem Amtsantritt 1637 dürften erstmals regelmäßig protestantische Gottesdienste abgehalten und die evangelische Gemeinde auch faktisch ins Leben gerufen worden sein. Streitigkeiten um die Nutzung der einzigen Pfarrkirche am Ort, ihrer Glocken, des Friedhofs sowie um das Kirchenvermögen und die regelmäßigen Abgaben der Gläubigen führten alsbald dazu, dass die Lutheraner darangingen, eine eigene Kirche zu bauen: 1655 erwarben sie den Brunsteinhof unweit der alten Pfarrkirche und begannen auf dem Grundstück mit der Errichtung ihres eigenen Gotteshauses; 1659 wurde es geweiht. Die alte Pfarrkirche, als deren geistlicher Patron neben dem heiligen Petrus seit 1522 auch der heilige Paulus begegnet, verblieb den Katholiken. Schließlich bauten auch die reformierten Christen ihre eigene Kirche; sie wurde 1698 feierlich bezogen. Die neuen Gotteshäuser erhielten ihre Namen erst, als 1878 mit der Christuskirche eine zweite evangelische Kirche entstand. Um Verwechslungen zu vermeiden, nannte man das erste protestantische Gotteshaus Paulus- und das reformierte Johanneskirche.

Mit dem Ende des Dreißigjährigen Krieges 1648, dem 1672 geschlossenen Religionsvergleich zwischen Brandenburg und der Kurpfalz, der auf dem Grundsatz der Toleranz basierte, sowie der ersten lutherischen Kirchenordnung der Grafschaft von 1687 kehrte auch in Bochum eine gewisse Ruhe in der Religionsausübung der Christen ein.[8]

3. Wie das Leben so spielte: Verfassung und Alltag des Landstädtchens

Alle diese Heimsuchungen und Veränderungen verhinderten jedoch nicht die Fortentwicklung von Bochums Verfassung und Verwaltung. Deren Wurzeln lagen, wie etwa eine Urkunde Graf Engelberts II. von 1321 zeigt, im späten Mittelalter. Hinzu kamen im Lauf der Zeit weitere Bestimmungen der märkischen Stadtherrn sowie verbindliche Verordnungen des Bochumer Leitungsgremiums. Diese Regelungen wurden dauernd ergänzt und als „Statuten" bezeichnet. Im Jahr 1506 bestätigte Herzog Johann II. von Kleve die Gültigkeit der bis dahin aufgestellten Satzungsartikel. Bis 1678 wurden 33 solcher Bestimmungen, welche die innere Ordnung der Stadt betrafen, erlassen. Man verlas sie jedes Jahr am Tag der Bürgermeisterwahl, dem 22. Februar, damit sie nicht in Vergessenheit gerieten. So entstand durch diese Ratsgesetzgebung so genanntes Willkürrecht. „Willkür" meint hier aber nicht regellose Eigenmächtigkeit, sondern willentliche Normsetzung. Geregelt wurde in diesen „Policey-Statuten" alles, was die Bürgergemeinde anging, also etwa öffentliche Sicherheit und Ordnung, die Marktaufsicht und andere wirtschaftliche Angelegenheiten.

Das Leitungsgremium der Stadt Bochum setzte sich aus den beiden Bürgermeistern, sechs Ratsleuten und acht Kurgenossen zusammen, die allesamt für ihre Tätigkeit kein Gehalt bezogen. Die Hauptaufgabe der Kurgenossen bestand in der Mitwirkung bei der Wahl (Kur) der Bürgermeister. Die Bürgermeister wurden alljährlich am Tag „Petri

Stuhlfeier" bestellt. Zur Wahl schritt allerdings nicht etwa die gesamte Bürgerschaft, sondern lediglich eine Gruppe bestehend aus eben jenen acht Kurgenossen sowie weiteren 16 Bürgern, die zuvor eigens zu diesem Zweck von den Inhabern der Leitungsämter bestellt worden waren. Jedes Jahr schieden vier der Kurgenossen aus, und vier neue wurden durch Bürgermeister wie Ratleute berufen. Die Ratsleute bestimmten sowohl der Schultheiß, der zwei Stimmen hatte, als auch die Bürgermeister. Niemand konnte also gegen den Willen des stadtherrlichen Schultheißen Ratmann werden. Überdies nahm er an den Sitzungen des Stadtrats teil.

Bereits hierdurch wird deutlich, dass Bürgermeister und Rat von einer unbeschränkten Allzuständigkeit, ja einer Souveränität innerhalb der Stadtgemarkung weit entfernt waren. Bürgermeister und Rat fungierten zwar als Führer und Repräsentanten der Bürgergemeinde sowie als Schützer des Stadtfriedens und besaßen innerhalb der Grenzen der Stadt und ihres Umlands Gebots-, Zwangs- und Strafgewalt. Aber ihre Befugnisse wurden durch den Schultheißen als Stadtrichter und das von ihm geleitete Hofgericht eingeschränkt. Dessen Kompetenz endete wiederum an den städtischen Grenzen und bei Gerichtsfällen, die Strafen an Leib und Leben nach sich zogen: Hier waren der landesherrliche Drost als Vorsteher des märkischen Amts bzw. sein Richter zuständig. Bis 1806 gelang es Bürgermeistern und Rat nur unvollständig, die Gerichtsbarkeit in Bochum an sich zu ziehen; ebenso wenig vermochten sie, Einfluss auf die Bestellung des Schultheißen zu gewinnen. Immerhin war dieser verpflichtet, Stadt und Bürgerschaft einen Amts- sowie den Bürgereid zu leisten, so dass er selbst zur Bürgerschaft zählte. Zu dieser ambivalenten Situation passt, dass Bürgermeister und Rat mit ihrem Amtseid schworen, sowohl dem Landesherrn und dem Hof von Bochum als auch der Stadt und ihrer Bürgerschaft treu zu sein.

Wer Bürger Bochums sein wollte, hatte zunächst das Bürgergeld zu zahlen und einen ledernen Feuereimer sowie Geld für eine Hakenbüchse oder eine Muskete beizusteuern. Erst dann durfte man den Bürgereid leisten. Durch ihn schwor der Neubürger, dass er dem Hof von Bochum, dem jeweiligen Schultheißen, den Bürgermeistern und dem Rat „getreu und hold" sein, ihre Ge- und Verbote beachten, seine der Bürgerschaft geschuldeten Pflichten an den dafür vorgesehenen Tagen erfüllen, Stadt und Gemeinde nach Kräften fördern, Rechte und Herkommen einhalten und seine Mitbürger nicht schädigen werde. Zu den Pflichten der Bürger zählten beispielsweise die Verteidigung der Stadt gegen äußere Feinde, Wachdienste an den Stadttoren und auf dem Turm der Peterskirche, die Bewachung von Gefangenen oder die Ausbesserung der Bochumer Wege und Straßen. Doch es gab auch Bürgerrechte: Neben individueller Freiheit in einem öffentlichen Raum, dessen Frieden von der Stadtobrigkeit mehr oder weniger erfolgreich geschützt wurde, genossen Bürger weitere Vorteile wie etwa die freie Gewerbeausübung, die Jagd auf Bochumer Gemarkung oder die unentgeltliche Nutzung der Vöde genannten städtischen Weide.

Der Mittelpunkt kommunalen Lebens war das Rathaus. Das 1525 wieder aufgebaute und 1696 von Grund auf renovierte Rathaus bot buchstäblich Raum für alle wesentlichen Erscheinungsformen bürgerschaftlichen Lebens. Es lag an der Südostecke des Marktes. Im Erdgeschoss, wo im Mittelalter wohl Ratskeller und -küche untergebracht waren, befanden sich in der frühen Neuzeit die Stadtwaage, die Akzise- und die Nachtwächterstube sowie das Gefängnis. Der erste Stock verfügte über ein Vor- und drei Sitzungszimmer, dessen größtes regelmäßig vom Rat und dem Stadtgericht genutzt wurde. Zur Marktseite hin ruhte das Rathaus auf fünf Pfeilern, so dass dort eine Laubenhalle für Verkaufsbänke zu finden war. Unweit des Rathauses standen auf dem Markt ein steinerner Pranger und ein hölzerner Schandpfahl für den Vollzug minderer Strafen.[9]

Die Verteidigung der Stadt oblag einer Bürgerwehr. Alle waffenfähigen Bürger wurden in zunächst 12, dann (seit der Mitte des 17. Jahrhunderts) in 15 Rotten eingeteilt. Sie unterstanden einem Rottmeister, der seine Befehle von den Bürgermeistern und dem Rat erhielt. Die Bürger leisteten Wachdienste und sorgten für die Instandhaltung der Wehranlagen, die sie selbst im Angriffsfall zu verteidigen hatten. Schießübungen fanden auf der noch heute so genannten Schützenbahn statt. Die Waffen wurden in der Rüstkammer des Rathauses verwahrt, seit dem 15. Jahrhundert standen auf den Wällen Geschütze. Regelmäßige Aufgebote und die jährliche Frühjahrsmusterung dienten der Aufrechterhaltung der Wehrfähigkeit. Allerdings wurden die städtischen Befestigungen seit der Mitte des 16. Jahrhunderts vernachlässigt. Aus jener Zeit stammt der erste Hinweis auf eine Bochumer Schützengesellschaft, die es aber wohl schon erheblich länger gab. Anders als die Bürgerwehr war eine solche Schützenbruderschaft keine städtische Verteidigungseinheit, sondern ein freiwilliger, privater Zusammenschluss von Bürgern, die Schießübungen veranstalteten. So ist die Bruderschaft als ein Vorläufer der heutigen Schützenvereine anzusehen. Mit der „Junggesellencompagnie" gab es spätestens seit dem 17. Jahrhundert noch eine weitere eigenständige Schützengilde. Auch in ihrem Fall ist ein längeres Bestehen wahrscheinlich.

Zum Wohle Bochums arbeiteten manche Bürger ehrenamtlich und nur gegen gewisse Aufwandsentschädigungen, andere hingegen wurden für ihr Tun mehr oder weniger reichlich besoldet. Ehrenamtlich tätig waren etwa die Bürgermeister und Ratleute, die Rott- und die für die Waffen im Rathaus verantwortlichen Rüstmeister oder die Armenprovisoren, die man mit der Verwaltung der zur Versorgung von Bedürftigen vorgesehenen Einkünfte beauftragte. Mit Naturalien oder Geld wurden demgegenüber die beiden Stadtdiener, fünf Pförtner, der Nachtwächter, der für das städtische Hospital verantwortliche Gastmeister, ferner der städtische Spielmann, der Totengräber, der Schweinehirt und der Flurschütze entlohnt, der die städtischen Fluren, also die nutzbaren Landflächen, vor Fruchtdiebstahl oder der Abweidung durch fremde Tiere bewahrte. Gelegentlich versah ein und derselbe Mann auch mehrere Aufgaben, etwa wenn ein Stadtdiener zugleich Flurschütze war. Immer wichtiger wurde im Lauf der Zeit der später auch als Kämmerer bezeichnete Stadtrentmeister, der die Stadtkasse verwaltete.

Hinzu kamen noch Schreiber und Schulmeister. Ein Schreiber wird erstmals 1359 genannt. Am als Stadtgericht bezeichneten Hofgericht beschäftigte man seit dem 14. Jahrhundert ständig einen Schreiber, der zeitweilig auch als Stadtschreiber amtierte. Nach 1465 wurde dieser offenbar noch durch eine zweite Kraft unterstützt, bei der es sich offenbar um den 1508 gestorbenen Vikar und Schulmeister Johann Varrentrap handelte.

Der Schulmeister leitete, wie aus einer Urkunde von 1475 hervorgeht, auch einen Schülerchor, denn die „scholeren" wurden damals aufgrund einer Stiftung verpflichtet, in ihren Chorröcken an Feiertagen zur Vesperzeit, also am frühen Abend, das „Salve regina" zu singen. Wahrscheinlich unterrichteten die Lehrer, die mit der Zustimmung des jeweiligen Pfarrers vom Rat der Stadt eingestellt wurden, neben dem Singen, Lesen und Schreiben vornehmlich die Grundzüge der lateinischen Sprache. Freilich hatten sie ihre Zöglinge auch in „guter Schulzucht, Disziplin und Sitten" zu erziehen, wie es im Schulmeistereid von 1585 hieß. Neben den geistlichen Schulrektoren, oder besser gesagt: ihnen untergeordnet, gab es wohl schon im späten 15. Jahrhundert noch einen weiteren Lehrer, der den deutschsprachigen Elementarunterricht übernahm und als Küster an der Pfarrkirche amtierte. Viel zu lernen gab es an der Schule, die bis in das 17. Jahrhundert hinein die einzige Bildungseinrichtung in der Stadt blieb, allem Anschein nach aber nicht. Wer höhere Bildung erwerben wollte, besuchte angesehenere Lateinschulen etwa in Essen, Dortmund, Hamm bzw. Soest oder gar weit entfernt liegende Universitäten in Köln, Erfurt oder Rostock.

Aber nicht nur um die Bildung ihrer Kinder kümmerten sich die Bochumer Bürger, sondern auch um die Nöte der Bedürftigen in ihrer Stadt. Denn gleichsam in einer Art von öffentlich-privater Partnerschaft gründete man im Juni 1438 „zum Trost und zur Hilfe für die Armen, Fremden, Schutzbedürftigen und Pilger" (so eine Formulierung des Jahres 1523) ein „gasthus" in Bochum.[10] Darunter hat man sich nicht etwa eine kommerzielle Herberge für alle Arten von Reisenden vorzustellen, sondern eben ein Spital für vielerlei Hilfsbedürftige. Der Rat übertrug die Leitung der Einrichtung einem Gastmeister, der den Bürgermeistern dafür rechenschaftspflichtig war. Nachdem das Gasthaus durch Misswirtschaft um die Wende vom Mittelalter zu frühen Neuzeit in Verfall geraten war, erließen Bürgermeister und Rat der Stadt Bochum 1523 eine schriftlich niedergelegte „Gasthausordnung". In diesen „Ordinantien" (Anordnungen) stellten sie dem Gastmeister bei seinen

Leitungsaufgaben und in der Wirtschaftsführung zwei als städtische „Vorstendere eder Prokuratoren" bezeichnete Pfleger zur Seite und begrenzten die Anzahl der am Gasthaus tätigen Mägde und Knechte auf höchstens vier. Angesichts der Finanznot der Stadt im 16. und 17. Jahrhundert und der beträchtlich angewachsenen Armut der vielen von Kriegen und Krankheiten heimgesuchten Menschen verringerten sich die Einkünfte und damit zugleich die Hilfsmöglichkeiten des Gasthauses allerdings immer weiter; 1659 wurde es zeitweise sogar selbst verpfändet.

Darüber hinaus bemühte sich die Bürgerschaft auch, noch weiteren Bedürftigen zu helfen. Alte oder gebrechliche Bochumerinnen und Bochumer, die so genannten Hausarmen, erhielten zu Weihnachten und Ostern Spenden an Geld, Korn, Holz oder Kohlen; Findel- und Waisenkinder wurden dem Gastmeister übergeben; heiratswilligen jungen Frauen bewilligte man einen Beitrag zur Aussteuer, und Wöchnerinnen oder Kranke erhielten Zuschüsse zu den Arzt- oder Apothekerrechnungen. Schließlich gab es auch Beihilfen für Lehrlinge und kinderreiche Familien sowie bei Armenbestattungen.

Zu alldem benötigte die Kommune natürlich Geld. Bochum erhob freilich keine direkten Steuern, sondern bezog seine Einkünfte aus verschiedenen anderen Quellen. Zu nennen sind hier zunächst die individuellen Abgaben, darunter das von den jährlich neu aufgenommenen Bürgern zu hinterlegende Geld (das Bürgergeld) oder die zu zwei Drittel an die Stadt abzuführenden Geldstrafen des Stadtgerichts (die sog. Brüchte). Hinzu kommen sodann regelmäßige indirekte Steuern, sog. Akzisen, zum Beispiel auf Bier oder Wein, sowie Zölle, wie der Wegezoll, der Bochum vom Landesherrn überlassen worden war. Jährlich wurden die Akzisen verpachtet, um die Finanzierung einer Steuerverwaltung einzusparen. Es war der Pächter, der für die Erhebung der Steuern von den Bürgern zu sorgen hatte, nachdem er zuvor an die Stadt eine bestimmte Summe gezahlt hatte. Schließlich bezog Bochum noch Einkünfte aus der Verpachtung seiner Besitzungen, von Grundstücken etwa oder den Fischteichen in den Befestigungsgräben sowie Konzessionsabgaben, etwa für die Nutzung des städtischen Braukessels, der Stadtwaage und der Markthalle.

Die Einkünfte der Stadt erlauben einen ersten, wenn auch nur sehr vagen Einblick in das Wirtschaftsleben Bochums. Der Ort profitierte allem Anschein nach vom Markthandel, den nicht nur die Bochumer selbst betrieben, sondern den auch die Menschen im Amt belieferten. Einige wenige Handelskontakte gab es mit Städten im Baltikum und Skandinavien: Zwischen 1380 und 1575 waren 38 Personen als Kaufleute oder Auswanderer im hansischen Ostseeraum unterwegs. Dass Bochum selbst Mitglied der Hanse war, ist für das 15. und 16. Jahrhundert nicht ausgeschlossen, allerdings nur sehr schwach belegt. Nur wenige Handwerke gab es im Ort: Bäcker und Metzger etwa oder Lohgerber und Brauer, gewiss auch Tuchmacher und Eisenschmiede. Auch Krämer und Wirte verdienten in Bochum ihren Lebensunterhalt. Hinweise auf Kaufleute- bzw. Krämergilden oder Handwerkerzünfte gibt es allerdings nicht. Als wichtigste Nahrungsgrundlage und Erwerbsquelle erwiesen sich nach wie vor Ackerbau und Viehzucht. Der größte Teil der Menschen ernährte sich von der Landwirtschaft: Fast in jedem Haus hielt man auch Nutztiere, und der fruchtbare Boden der Feldmark brachte reiche Erträge an Roggen, Gerste und Erbsen. Kein Wunder also, dass neben dem üblichen Brei oder Brot beinahe täglich Erbsensuppe gegessen wurde. Die beiden Viehweiden (Vöden), die fast den gesamten Osten und Norden der Stadt umfassten, waren unverzichtbares Acker- und Weideland für die Bürger, von denen manche auch ansehnliche Güter in der Umgebung besaßen. Aber selbst auf der umwallten Gemarkung befanden sich Höfe, wie etwa der Brunsteinhof mit seinen Parzellen oder der Weilenbrinkhof.[11] So war und blieb Bochum – trotz mancher städtischer Merkmale – ein stark agrarisch geprägtes, märkisches Landstädtchen. Die älteste Stadtansicht des Ortes, eine aquarellierte Zeichnung von 1634 aus der Feder des tschechischen Landedelmannes Wenzeslaus Hollar (1607-1677), bestätigt diesen Eindruck.[12]

Immerhin hatte sich der Ort 147 Jahre nach dem verheerenden Brand hinsichtlich seiner Einwohnerzahl einigermaßen erholt: Denn 1664 wurden bei einer Zählung der Feuerstätten, die als Grundlage für die Erhebung der Türkensteuer, einer reichsweiten Sondersteuer, dienen sollte, 255 eben dieser Feuerstätten (also Herde oder Kamine) in 286

Haushaltungen ermittelt. Nimmt man nun wiederum pro Haushalt fünf Personen an, ergibt sich rechnerisch eine Einwohnerzahl von 1430 Menschen – und damit nahezu eine Verdopplung verglichen mit dem Jahr 1533.[13]

Anmerkungen

[1] Der folgende Text beruht auf dem Vortrag, den sein Verfasser am 15. September 2016 im Bochumer Zentrum für Stadtgeschichte hielt. Die Vortragsform wurde beibehalten. Ergänzt wurde er nur um die notwendigsten Anmerkungen.

[2] Franz Darpe, Geschichte der Stadt Bochum, Bochum 1894 ND 1991, Urkundenanhang S. 115 f., Nr. 165 (1525, April 7).

[3] Die Chronik des Dietrich Westhoff (750-1550), bearb. von Joseph Hansen, in: Die Chroniken der deutschen Städte vom 14. bis ins 16. Jahrhundert, Bd. 20: Die Chroniken der westfälischen und niederrheinischen Städte: Dortmund, Neuß, Soest, Duisburg, Leipzig 1887, S. 451.

[4] S. hierzu ausführlich: Darpe, Bochum (wie Anm. 2), S. 119-154 und Karl Brinkmann, Bochum. Aus der Geschichte einer Großstadt des Ruhrgebiets, Bochum 1950, S. 67-74.

[5] Grundlegend für dieses Kapitel: Robert Stupperich, Der innere Gang der Reformation in der Grafschaft Mark, in: Jahrbuch des Vereins für Westfälische Kirchengeschichte 47 (1954), S. 23-43; Wilhelm H. Neuser, Evangelische Kirchengeschichte Westfalens im Grundriss (Beiträge zur Westfälischen Kirchengeschichte 22), Bielefeld 2002, S. 98-106; Werner Freitag, Die Reformation in Westfalen. Regionale Vielfalt, Bekenntniskonflikt und Koexistenz, Münster 2016, S. 193-211. – Zur Synode s. Christian Peters, Die erste lutherische Generalsynode der Grafschaft Mark im Jahr 1612, in: Jahrbuch für Westfälische Kirchengeschichte 109 (2013), S. 173-248.

[6] Dieter Scheler, Haushalt und Archiv eines Pfarrers: Das Inventar des Heinrich Stoedt von Harpen, in: Stefan Pätzold/Reimund Haas (Hg.), Pro cura animarum. Mittelalterliche Pfarreien und Pfarrkirchen an Rhein und Ruhr (Studien zur Kölner Kirchengeschichte 43), Siegburg 2016, S. 183-194.

[7] Zitiert nach Darpe, Bochum (wie Anm. 2), S. 219.

[8] Zu kirchlichen und religiösen Aspekten der Bochumer Geschichte in Mittelalter und früher Neuzeit s. Darpe, Bochum (wie Anm. 2), S. 154-174, S. 218-258; Brinkmann, Bochum (wie Anm. 2), S. 80-87; Heinrich Schoppmeyer, Aspekte der Geschichte Bochums im Mittelalter, in: Märkisches Jahrbuch für Geschichte 104 (2004), S. 22-27; Stefan Pätzold, Vita ecclesiastica – vita religiosa. Kirche und religiöses Leben im mittelalterlichen Bochum, in: Märkisches Jahrbuch für Geschichte 114 (2014), S. 35-52.

[9] S. hierzu das Bild von Rathaus und Markt auf Carl Arnold Kortums „Grundriß der Stadt Bochum, im Jahr 1790 verfertigt", in: Karl [sic!] Arnold Kortum, Nachricht vom ehemaligen und jetzigen Zustande der Stadt Bochum. Jubiläumsnachdruck zum 200-jährigen Erscheinen der Erstausgabe, hg. von Johannes Volker Wagner, Bochum 1990, Karte in der Tasche des hinteren Innendeckels.

[10] Darpe, Bochum (wie Anm. 2), Urkundenanhang S. 38 f. Nr. 47 (1438) und Text S. 192 (zu 1523).

[11] Heinrich Schoppmeyer, Westfälischer Städteatlas, Lieferung VIII, 1: Bochum, Tafel 3: Wachstumsphasen der Stadt, Altenbeken 2004.

[12] Eduard Schulte, Hansestädte des Ruhrreviers in Bildern und Beschreibungen, Bochum 1964, S. 18 f. S. hierzu Stefan Pätzold, Siegel und Stadtansichten. Die ältesten Bildquellen der Bochumer Stadtgeschichte aus Historikerperspektive, in: Märkisches Jahrbuch für Geschichte 109 (2009), 57-70.

[13] Darpe, Bochum (wie Anm. 2), S. 174-202, S. 218-258; Brinkmann, Bochum (wie Anm. 2), S. 75-79.

Die Reformation in Bochum und in der Grafschaft Mark*

Michael Basse

1. Die religiöse Lage am Vorabend der Reformation

Der Begriff „Reformation" spielte schon im ausgehenden Mittelalter eine große Rolle und hatte eine geradezu programmatische Bedeutung.[1] Die umfassende Reform der Kirche „an Haupt und Gliedern" war ein zentrales Anliegen dieser Zeit. Zu diesem Zweck wurden im 15. Jahrhundert nicht nur die beiden großen Reformkonzilien von Konstanz und Basel abgehalten, sondern auch die Theologie und die Frömmigkeitspraxis wurden von vielfältigen Reformbestrebungen bestimmt. So wurde es als Aufgabe und Chance der Kirche begriffen, Laien ein religiöses Grundwissen zu vermitteln, um damit ihre Frömmigkeit und ihre Urteilsfähigkeit zu fördern. Ein Beispiel hierfür ist der „Christenspiegel", den Dietrich Kolde (um 1435-1515), ein Franziskanermönch aus Münster, verfasste, damit seine Leser dieses Handbüchlein, wie Kolde sein Werk nannte, ständig bei sich tragen und auch anderen Menschen daraus vorlesen konnten – insbesondere denen, die an Sonn- und Feiertagen untätig auf der Straße saßen.[2] Die Bettelorden, zu deren Niederlassungen in Westfalen neben den Franziskanern vor allem die Dominikaner und die Augustineremiten gehörten, widmeten sich insbesondere dem Predigen und der Seelsorge. Und in diesen theologie- und frömmigkeitsgeschichtlichen Kontext gehört auch die Bewegung der „Devotio moderna", die sich von den Niederlanden aus im 15. Jahrhundert nach Nordwestdeutschland ausbreitete und auch in Westfalen, ausgehend von den Niederlassungen in Münster und Herford, bedeutsam war. Wegen ihrer Lebensführung erfuhren die Konvente der Devotio moderna in der Bevölkerung eine große Wertschätzung. Hier wurden Exerzitien abgehalten, gemeinsame Gebete und Meditationen praktiziert, die Heilige Schrift studiert und Enthaltsamkeit geübt. Auch die seelsorgerliche Betreuung und geistliche Förderung von Jugendlichen hatte für die Devoten einen hohen Stellenwert. Mit immer größerem Nachdruck wurde aber auch außerhalb der Devotio moderna die Forderung erhoben, dass die Laien die Bibel lesen sollten – so heißt es in der Vorrede zur Kölner Bibel von 1478/79, der ersten niederdeutschen Übersetzung der lateinischen Bibel, dass alle Menschen das Wort Gottes mit Hilfe des heiligen Geistes verstehen könnten und sie ansonsten auf die Auslegung der Kirche vertrauen sollten. In Deutschland erschienen in der zweiten Hälfte des 15. Jahrhunderts so viele Bibeln in der Volkssprache wie in keinem anderen Land. Und mit Hilfe des Buchdrucks fanden religiöse Schriften Verbreitung, deren Lektüre eine eigenständige religiöse Bildung der Laien ermöglichte. Die spätmittelalterliche Lesekultur schuf eine Verbindung zwischen Klerikern und Laien, die kultur- und frömmigkeitsgeschichtlich von großer Bedeutung war. Humanistisches Gedankengut fand hier ebenso Verbreitung wie die Orientierung an monastischen Idealen, die immer mehr die Spiritualität und die Lebensführung vor allem der städtischen Gesellschaft formten.

Da nun aber die Mehrheit der Menschen dieser Zeit nicht lesen konnte, kam visuellen wie auch haptischen Eindrücken und Formen von Religiosität eine besondere Bedeutung zu.[3] Bilder mit religiösen Motiven waren allgegenwärtig – nicht nur in Kirchen und Kapellen, sondern in vielen Bereichen der Öffentlichkeit und des Privaten. Dabei waren Bilder mehr als nur Abbilder, vor allem bei den Heiligenbildern kann geradezu von einer „Realpräsenz" des Dargestellten gesprochen werden, die auf ihre Betrachter eine magische Macht ausüben konnte, weshalb es auch schon in vorreformatorischer Zeit zu einem Streit über die Relevanz der Bilder kam – wir werden noch sehen, welche Rolle dieses Thema in der Reformationsgeschichte der Grafschaft Mark gespielt hat. Für die spätmittelalterliche Frömmigkeit gilt, dass in ihr innere Empfindung und äußerer Kult in unterschiedlicher Intensität verknüpft waren. So wie die Religion das Diesseits mit dem Jenseits verband, so beherrschten religiöse Riten das gesamte Leben – nicht nur an den wichtigen Lebenseinschnitten wie Taufe, Erstkommunion, Hochzeit und Begräbnis, sondern auch im Alltag. Die Ritualisierung des religiösen Lebens hatte eine gemeinschaftsbildende Funktion und einen öffentlichen Charakter. Besonders deutlich wird das an den Prozessionen, den Wallfahrten, dem Stiftungswesen und den vielfältigen Formen der „memoria", d.h. der Erinnerungskultur. In der Eucharistiefrömmigkeit korrelierten die religiösen Bedürfnisse der Laien mit den genuinen Interessen des Klerus. Die Schaufrömmigkeit, d. h. der Wunsch, die Hostie während der Elevation möglichst lange anzuschauen, war keineswegs nur für die Frömmigkeit des einfachen Volkes typisch, sondern verband alle gesellschaftlichen Gruppen ebenso wie Klerus und Laien. Der Vorsorge für das Seelenheil im Jenseits diente das Ablasswesen, das im gesamten 15. Jahrhundert sowohl kirchenpolitisch als auch theologisch und frömmigkeitsgeschichtlich eine große Rolle spielte. Für die Amtskirche bot sich hier die Möglichkeit, die Heilsbedeutung der Kirche noch stärker herauszustellen und damit die Institution Kirche ideell und materiell zu festigen. Dem entsprach auf Seiten der Gläubigen die Erwartung, an dem „Schatz der Kirche" teilhaben und damit das ewige Seelenheil erlangen zu können.

Bei aller Kritik an der Kirche und ihren Amtsträgern war die Religiosität an diese Institution immer noch eng gebunden und in ihrer Heilserwartung auch so darauf fixiert, dass die „Kirchlichkeit" im Verlauf des 15. Jahrhunderts eher zu- denn abgenommen hat.[4] Und so kann insgesamt die Zeit vor der Reformation nicht einfach als eine Krisen- und Verfallserscheinung wahrgenommen werden, um davon die Reformation umso schärfer abzugrenzen, wie es lange Zeit aus einem konfessionell und national verengten Blickwinkel geschehen ist. Vielmehr konnten die reformatorischen Bestrebungen an die unterschiedlichen Reformansätze des späten Mittelalters anknüpfen, dabei wurden aber aus theologischen und auch politischen Gründen eigene Akzente gesetzt, die für die Geschichte und das Profil der Reformation von entscheidender Bedeutung waren.

2. Die Anfänge der Reformation in der Grafschaft Mark

Die Einführung der Reformation vollzog sich in der Grafschaft Mark in einem längeren, stufenweisen Prozess, der nicht zuletzt von den politischen Rahmenbedingungen abhängig war.[5] Die Grafschaft Mark gehörte zu Beginn des 16. Jahrhunderts zum Herzogtum Kleve-Jülich-Berg. Dieses Herzogtum bildete in der Reformationszeit einen Sonderfall, insofern die Herzöge einen Mittelweg zwischen der Wittenberger Reformation und dem Katholizismus im Sinne der römischen Kurie beschritten.[7] Sie orientierten sich dabei am Humanismus des Erasmus von Rotterdam (1465/69-1536), dessen Ansichten zu einer notwendigen Reform der Kirche und der Frömmigkeit sie ebenso teilten wie die Auffassung, dass eine solche Reform grundsätzlich innerhalb der römischen Kirche möglich sei und nicht einen Bruch mit ihr erfordere, wie ihn Martin Luther vollzogen hat. Eine wichtige Rolle spielte der Humanist Konrad Heresbach (1496-1576), der zunächst als Erzieher des Erbprinzen Wilhelm und dann vierzig Jahre lang als enger Berater der Herzöge eminenten Einfluss gerade auch auf die Religions- und Bildungspolitik ausübte. Diese reformorientierte Ausrichtung der Klever Religionspolitik erwies sich auf lange Sicht aber nicht als erfolgreich, vielmehr übernahmen an vielen Orten die städtischen Magistrate die Initiative und setzten sich für die Einführung der Reformation ein.

Die Ausbreitung der reformatorischen Gedanken Martin Luthers ging in der Grafschaft Mark von dem Lippstädter Konvent der Augustinereremiten aus. So studierten die beiden Ordensbrüder Johannes Westermann und Hermann Koiten in Wittenberg und schlossen dort auch ihre Promotion ab, bevor sie nach Lippstadt zurückkehrten. Dort predigten sie fortan im reformatorischen Sinne, womit sie eine große Menge an Zuhörern anzogen. Westermann verfasste dann 1524 einen Katechismus, der über Lippstadt hinaus Wirkung entfaltete.[7] Für die Ausweitung der evangelischen Bewegung waren Philipp Melanchthons Kontakte zu humanistischen Kreisen insbesondere im nördlichen Rheinland und Martin Luthers Unterstützung für die Reformation in Soest bedeutsam. Dort, in Soest, setzte sich die Reformation zu Beginn der 1530er Jahre durch und strahlte in der Folgezeit in die gesamte Grafschaft Mark aus. Die Sonderrolle Soests erklärt sich dadurch, dass es eigenständig war, aber unter der Schutzherrschaft des Herzogs von Kleve stand. Ab 1526 versammelte sich in einem Soester Patrizierhaus ein Kreis von Interessierten – unter ihnen auch der bedeutende Kupfer-stecher und Maler Heinrich Aldegrever –, die über Luthers Lehre dis-kutierten.[8] Johann Kelberg, Kaplan an St. Pauli, und der Dominikaner Thomas Borchwede waren dann die ersten, die im lutherischen Sinne predigten. Zugleich wird berichtet, dass in ihren Gottesdiensten wie auch auf den Straßen Lutherlieder gesungen wurden. Flankiert wurden diese reformatorischen Bestrebungen von einer Initiative der städtischen Handwerkerschaft, die die Gunst der Stunde nutzte, um sozialpolitische Veränderungen herbeizuführen, die sich vor allem gegen die Privilegien des Klerus richteten. Als nun der Herzog von Kleve den Rat der Stadt Soest aufforderte, die lutherische Predigt zu verbieten, schlugen Borch-wede und Kelberg sowie der Kaplan von St. Georgen, Johann Molner, am 20. November 1531 nach dem Vorbild Martin Luthers Thesen an die Kirchentüren, in denen die theologischen Anliegen der Reformation zusammengefasst wurden.[9] Einen Monat später kam es dann zum offe-nen Aufruhr, als der gerade erst berufene Prediger Johann von Kampen nach seiner Predigt in der Paulikirche festgenommen wurde und die Volksmenge ihn daraufhin mit Gewalt befreite. Gegen den Widerstand des Rates konnten die Bürger mit dem sog. „Bundbrief" durchsetzen, dass fortan in allen Kirchen Soests bis auf den Chor des Münsters – evangelisch gepredigt werden sollte.[10] Gert Oemeken (um 1500-1562), der in Lippstadt für die Einführung des evangelischen Gottesdienstes gesorgt hatte, wurde beauftragt, eine Kirchenordnung zu entwerfen. Und auf Empfehlung Luthers übernahm Johann de Brune das Amt des Superintendenten. Die Einführung des Abendmahls unter beiderlei Ge-stalt bedeutete zwar in der Abendmahlstheologie und in der Abend-mahlspraxis einen Bruch mit der römischen Kirche – aber so, wie ganz im Sinne Luthers auch weiterhin die bedeutenden Bilder in den Soester Kirchen verblieben, so verblieben dort auch auch die Abendmahlsgeräte wie etwa der berühmte Pelikankelch. Man kann hier von einer Umco-dierung sprechen, insofern in der lutherischen Reformation – ganz an-ders als im reformierten Protestantismus – die traditionellen Bilder und Geräte weiter verwendet werden konnten, aber im Horizont der Predigt des Evangeliums eben eine neue Bedeutung bekamen. Und dass nun der gesamten Gemeinde der Kelch gereicht und damit die bisherige strikte Unterscheidung zwischen Klerus und Laien aufgehoben wurde, unterstrich die theologische Bedeutung des Abendmahls unter beiderlei Gestalt und markiert einen grundlegenden Neuanfang. Auch für das Bildungswesen der Stadt Soest markierte die Einführung der Reformation einen Einschnitt: Die neue Lateinschule, die 1533 entsprechend den Bestimmungen der Soester Kirchenordnung gegründet wurde und auf deren Lehrplan sowie Besetzung der Rektorenstelle Melanchthon zehn Jahre später Einfluss nahm, entwickelte sich dann zu einer der bedeutendsten Schulen Westfalens.[11]

Erste Spuren der Reformation zeigten sich in den 1520er Jahren auch in Dortmund, wobei in dieser frühen reformatorischen Bewegung zunächst antiklerikale Interessen im Vordergrund standen, da sowohl die Handwerker als auch die Kaufleute danach strebten, die wirtschaftliche Konkurrenz der privilegierten Geistlichen zu beseitigen. 1527 kam dann in Dortmund erstmals die Forderung auf, neue Prediger zu berufen, die das Evangelium im reformatorischen Sinne verkünden sollten. Der städtische Magistrat lehnte das jedoch ab und in der Folgezeit wurde auch in Dortmund ein religionspolitischer Mittelweg beschritten, wie ihn das benachbarte Herzogtum Jülich-Kleve-Berg eingeschlagen hatte.[12]

Ein charakteristisches Merkmal für den Durchbruch der Reformation in der Grafschaft Mark war – wie in anderen Regionen auch – die Kombination von Predigt- und Singbewegung, insofern die Einführung der evangelischen Predigt mit der Verbreitung von Lutherliedern einherging und so die ganze Gemeinde den Übergang zur Reformation in Form eines gesungenen Bekenntnisses zum Ausdruck brachte.[13] Dem folgten dann liturgische Reformen in der Gestaltung des Gottesdienstes und organisatorische Veränderungen durch die Einführung einer Kirchenordnung und die Gründung evangelischer Schulen. Entscheidend für den Durchbruch und den weiteren Verlauf der Reformation waren die religiösen und politischen Interessen der jeweiligen Trägergruppen. Dabei verstärkte sich eine Entwicklung, die schon im 15. Jahrhundert eingesetzt hatte, als weltliche Territorialherren und städtische Magistrate religionspolitische Maßnahmen ergriffen, um notwendige Reformen in der Kirche voranzutreiben und damit zugleich Einfluss zu gewinnen. Auch in der Grafschaft Mark setzte sich die Reformation zunächst in den Städten durch, weil sie in wirtschaftlicher sowie kultureller Hinsicht bessere Voraussetzungen für die Verbreitung reformatorischer Gedanken boten. Die Offenheit der städtischen Magistrate für die Reformation hing von der sozialen Zusammensetzung und dem jeweiligen Ausmaß der Auseinandersetzungen zwischen Patriziern und Zünften ab. Dabei ging es in erster Linie um politische Macht und die Frage des Stimmrechts bzw. der Sitzverteilung in den Räten einer Stadt, und damit verknüpft war das Ringen um die Einführung der Reformation, wofür sich die Zünfte im Gegensatz zu den eher konservativen und altgläubigen Patriziern einsetzten.

Erst mit dem Ende des Krieges zwischen dem Kaiser und den protestantischen Reichsfürsten begann allmählich eine Entwicklung, die auch in der Grafschaft Mark dazu führte, dass sich die Reformation nun in relativ kurzer Zeit durchsetzen konnte, so 1553 in Hamm und 1554 in Kamen, Hagen und Schwerte, 1557 in Wetter und 1559 in Unna.[14] Kennzeichen der Gesamtentwicklung war, dass hier eine Reformation „von unten" durchgeführt wurde, d.h. nicht die Obrigkeit, sondern die Gemeinden selbst die Initiative ergriffen. Um diese Entwicklung in der Grafschaft Mark verstehen zu können, muss die Religionspolitik des Herzogs von Jülich-Kleve-Berg betrachtet werden. Nach dem Augsburger Religionsfrieden 1555 versuchte Herzog Wilhelm V. von Jülich-Kleve-Berg die Genehmigung vonseiten der Kurie zu erhalten, in seinen Territorien den Laienkelch darreichen zu dürfen.[15] Herzog Wilhelm begründete sein Anliegen vor allem mit dem politischen Argument, das Zugeständnis des Laienkelchs sichere den Frieden angesichts der drängenden Forderungen in der Bevölkerung, das Abendmahl unter beiderlei Gestalt zuzulassen. Papst Paul IV. wiederum, dem Wilhelms Gesandter in Rom dieses Anliegen im Juli 1556 vortrug, verweigerte das und verwies auf die anstehenden Beratungen und Entscheidungen des Konzils von Trient zu eben dieser Frage. Herzog Wilhelm ließ sich dadurch aber nicht von seinem Vorhaben abbringen, vielmehr beauftragte er seine politischen Berater mit dem Entwurf eines Reformprogramms, das auch die Freigabe des Abendmahls unter beiderlei Gestalt beinhaltete. Als dann vermehrt Gerüchte und Verdächtigungen aufkamen, der Herzog sei konvertiert, bestritt dieser das mit Nachdruck insbesondere im Januar 1559 in einem Brief an seinen Schwiegervater, Kaiser Ferdinand I., indem er noch einmal betonte, es gehe ihm bei der Freigabe des Laienkelchs allein um die Wahrung des politischen Friedens, um damit Tendenzen entgegenzuwirken, dass die Untertanen zu den „Sacramentirern" und Calvinisten überliefen.

Diese Entwicklungen im Herzogtum Kleve-Jülich-Berg mussten auch in der Reichsstadt Dortmund wahrgenommen werden. Nachdem dort lange Zeit reformatorische Bestrebungen unterdrückt worden waren, richteten im Jahr 1561 Dortmunder Bürger eine Bittschrift an den Rat der Stadt, in der sie um die Erlaubnis baten, das Abendmahl unter beiderlei Gestalt zu feiern.[16] Sie begründeten das damit, dass Jesus Christus „einen Bund und ein Vermächtnis eingesetzt und befohlen"[17] habe, und verwiesen explizit auf die neutestamentlichen Einsetzungsworte. Die Bittsteller bezeichneten die Einsetzungsworte als „Grundfeste der Wahrheit", die „kein Mensch und keine Vernunft wiederlegen" könne.[18] Sie sahen sich auch dadurch in ihrer Auffassung bestätigt, dass ihre eigenen Prediger, die sie zu einer Stellungnahme aufgefordert hatten, die Rechtmäßigkeit ihres Anliegens anerkannt hätten – also die Initiative ging von der Gemeindegliedern, nicht den Pfarrern aus. Sollte der Rat sich nicht dazu durchringen können, den „Befehl" Christi für die ganze Stadt umzusetzen, so solle das Abendmahl unter beiderlei Gestalt doch wenigstens „in einer Kirche" gereicht werden, „damit niemand ein Unglück erleide".[19] Hier stand die Sorge um das Seelenheil jedes Einzelnen im Vordergrund und (noch) nicht das konfessionalistische Streben nach einer Vereinheitlichung der rituellen Praxis. Die Dringlichkeit ihres Anliegens unterstrichen die Bittsteller auch durch ihren Hinweis, dass zuletzt „alleine zwischen 60 und 70 Personen die Stadt in Richtung Brakel verlassen"[20] hätten, um dort das Abendmahl unter beiderlei Gestalt zu empfangen. Brakel, heute ein Stadtteil Dortmunds, gehörte zu jener Zeit zur Grafschaft Mark, so dass hier der Empfang des Abendmahls unter beiderlei Gestalt aufgrund der klevischen Religionspolitik möglich war. Im März 1562 verkündete der Rat der Stadt Dortmund in einem Mandat, es sei nunmehr erlaubt, das Abendmahl unter beiderlei Gestalt zu empfangen. Das Mandat ging soweit, dass jeder Pastor dazu verpflichtet wurde, das Abendmahl in dieser Form entweder selbst oder durch seinen Kaplan und Priester darzureichen, wenn Gemeindeglieder danach verlangten. Der rituelle Vollzug des Abendmahls wurde somit von der individuellen Glaubensüberzeugung der Pastoren getrennt und als eine Art „Dienstleistung" angesehen, die nicht verweigert werden durfte. Im Gegenzug sollte jedes Gemeindeglied das Abendmahl nur in seinem jeweiligen Kirchspiel empfangen, womit die Bindung an die Ortsgemeinde gestärkt und verhindert werden sollte, dass weiterhin andere Gemeinden aufgesucht wurden. Der friedliche Ausgleich zwischen den Konfessionen, der mit diesem Mandat erreicht werden sollte, wurde durch die Bestimmung unterstrichen, es solle „einer den anderen nicht verachten oder beschämen, sondern ein jeder solle mit dem anderen in christlicher Weise friedsam und freundlich verkehren, auch solle niemand in Bier- und Weinhäusern über diese Sache Streitgespräche führen, bei Strafe von 60 Dortmunder Mark"[21]. Diese Aufforderung zur interkonfessionellen Toleranz war durch das politische Interesse an der innerstädtischen „Eintracht" – der „concordia" – begründet und stand damit in ausdrücklichem Gegensatz zu den Tendenzen dieser Zeit, im Zuge der Konfessionalisierung das Trennende zu betonen und so Zwietracht zu fördern. Nachdem das Abendmahl unter beiderlei Gestalt zugelassen worden war, wandten sich die Dortmunder Pfarrer und Prediger in einem Schreiben an den Rat und forderten auf Drängen der Bürgerschaft, die Segnung und die gesamte Liturgie des Abendmahls solle in deutscher, d.h. verständlicher Sprache erfolgen – also ein nächster Schritt auf dem Weg zur Durchsetzung der Reformation, der wiederum von den Bürgern initiiert wurde. Die Dringlichkeit dieser Gottesdienstreform wurde damit begründet, es hätten sich viele Gemeindeglieder des Abendmahls enthalten und sei zu befürchten, dass dadurch die Täufer, „Schwärmer" und andere „Sekten" Zulauf erhalten könnten und so die öffentliche Ordnung gefährdet werde. Mit dem Verweis auf die

Täufer und die sog. „Schwärmer" wurden geradezu stereotype Ängste beschworen, die seit den 1520er Jahren die religiösen und politischen Konflikte auch und gerade in dieser Region bestimmten. In der Reformationsgeschichte der Grafschaft Mark spielten die Täufer eine wichtige Rolle – nicht zuletzt aufgrund der räumlichen Nähe zu Münster. Nach der Niederschlagung des Täuferreiches zu Münster 1534/35 traten in den 1550er Jahren erneut Täufergruppen in Erscheinung, die eine scharfe Reaktion der Obrigkeit auslösten und auch bei Pfarrern auf erbitterte Ablehnung stießen.[22] Die theologische Abgrenzung zu den Täufern und ihre gesellschaftliche Ausgrenzung war dann auch in der Folgezeit ein durchgängiges Motiv im Protestantismus der Region.

Inwieweit mit den „Rotten und Sekten", von denen die Dortmunder Pfarrer sprachen, auch die Reformierten gemeint waren, die vor allem als niederländische Emigranten seit den 1550er Jahren in der Region in Erscheinung traten,[23] lässt sich aus dem Schreiben nicht erschließen. Die Gründung der ersten reformierten Gemeinde in Hamm im Jahr 1561 und das dortige Wirken des niederländischen Calvin-Schülers Karl Gallus (1530-1616) wird aber auch in Dortmund wahrgenommen worden sein. Umso größer musste das Interesse sein, das eigene theologische Programm in verständlicher Sprache zu vermitteln. Im Januar 1564 unterstützten Dortmunder Bürger die schriftliche Eingabe ihrer Pfarrer mit einer eigenen Bittschrift an den Rat, in der sie diesen darum baten, er möge „erlauben, vergönnen und verordnen […], einen deutschen Lobgesang vor und nach der Predigt und wenn das hochwürdige Heilige Sakrament in beiderlei Gestalt ausgeteilt wird, zu Lob und Ehre Gottes in einer ehrbaren Weise zu singen"[24]. Damit rückt ein zentrales Motiv der reformatorischen Bewegung in den Blick, das auch an anderen Orten der Region geradezu ein Kennzeichen für die Einführung der Reformation war: der Gesang deutscher Kirchenlieder. Das Besondere an der Bittschrift der Dortmunder Bürger ist, dass hier eine unmittelbare Verknüpfung zwischen der Abendmahlspraxis und dem deutschsprachigen Lobgesang vor allem der Gemeinde hergestellt wird. Dadurch kommt eine grundlegende Intention der reformatorischen Abendmahlstheologie zur Geltung, wonach das Abendmahl Bekenntnischarakter hat und deshalb – im Sinne des „Priestertums aller Gläubigen" – die persönliche Mitwirkung der daran Teilnehmenden auch bei der liturgischen Gestaltung der Abendmahlsfeier erfordert. Dazu zählt eben auch das gesungene Lob, das nicht mehr allein dem Geistlichen vorbehalten sein konnte und in der Volkssprache vorgebracht werden sollte.

Fünf Jahre zuvor hatte die Einführung des evangelischen Kirchenliedes bereits in Unna den Übergang zur Reformation markiert, nachdem dort ebenfalls der Magistrat für die reformatorischen Anschauungen gewonnen worden war.[25] Ostern 1559 wurde in der Unnaer Stadtkirche erstmals ein Lied Martin Luthers gesungen, „Christ lag in Todesbanden", bald auch Luthers Lied zum Ausgang des Gottesdienstes „Es wolle Gott uns gnädig sein und seinen Segen geben". Das Lied „Christ lag in Todesbanden"[26] hat Luther 1524 nach der Vorlage zweier mittelalterlicher Osterlieder gedichtet. Es bringt Grundgedanken seiner reformatorischen Theologie zur Geltung: So heißt es gleich zu Beginn, Christus habe uns mit seinem Tode das Leben gebracht, „Des wir sollen fröhlich sein, Gott loben und dankbar sein"[27] – darin kommt die Heilsgewissheit lutherischer Theologie zum Ausdruck. Weiter heißt es, die Menschen seien durch und durch Sünder – „kein Unschuld war zu finden"[28] –, eine klare Abgrenzung zum Menschenbild der römisch-katholischen Theologie, wonach die Sünde nur einen Defekt und nicht eine den ganzen Menschen bestimmende Macht darstellt. Und wenn es am Ende des Liedes heißt, „Christus will die Kost uns sein und speisen die Seel allein; der Glaub will keins andern leben"[29], so ist damit der enge Zusammenhang von reformatorischem Christusglauben und Abendmahlsverständnis unterstrichen. Bei dem Lied „Es wolle Gott uns gnädig sein und seinen Segen geben"[30] hat Luther Psalm 67 zugrunde gelegt. Im Mittelpunkt steht der Lobpreis des Wortes Gottes, das „Hut und Weide ist"[31]. Solcher Lobpreis soll sich in „guten Taten"[32] niederschlagen, womit die christliche Ethik in den Blick kommt und damit zugleich ein Thema aufgegriffen wird, dass kontroverstheologisch äußerst brisant war, denn gegenüber Luthers Kritik an der mittelalterlichen Werkgerechtigkeit war von katholischer Seite der Vorwurf erhoben worden, dass damit gute Werke an und für sich in Frage gestellt würden. Wenn nun der Wittenberger Reformator in der dritten Strophe formulierte „Es danke, Gott, und lobe dich / das Volk in guten Taten"[33], so wird damit klargestellt, dass gute Werke keineswegs überflüssig sind, aber sie begründen eben nicht die Gerechtigkeit des Menschen vor Gott, sondern sie sind Reaktion, Danksagung des Menschen für die vorangegangene Zuwendung Gottes zu den Menschen. Und auch an das tiefgründige Bild von den guten Werken als den Früchten des Glaubens, das Luther in seiner Schrift „Von der Freiheit eines Christenmenschen' entfaltet hat, wird in der folgenden Liedzeile angeknüpft, wenn es heißt „das Land bringt Frucht und bessert sich, / dein Wort ist wohlgeraten"[34]. Wenn diese beiden Lieder also Ostern 1559 in der Stadtkirche zu Unna gesungen wurden, so war das theologisches Programm.

Eine ähnliche Entwicklung wie in Dortmund lässt sich auch in Essen beobachten.[35] Als dort 1543 in Essen ein Dominikanertheologe an die Stadtkirche St. Gertrudis berufen wurde, protestierten dagegen Essener Bürger und beklagten sich darüber, dass er unverständlich predige und sein Amt ungeschickt verwalte. Die Bürger drangen sogar in das Rathaus ein und zwangen die Ratsherren einen Prädikanten zu berufen, von dem sie sich eine Predigt im reformatorischen Sinne versprachen. Diese Erwartung erfüllte sich zwar in der Folgezeit nicht, aber ein erster Schritt zur Einführung der Reformation war getan. Es dauerte dann allerdings noch fast zwanzig Jahre, bis der nächste Schritt unternommen wurde, indem Lutherlieder im Gottesdienst gesungen und die Forderung nach dem Abendmahl unter beiderlei Gestalt erhoben wurde. Wiederum war es die Bürgerschaft, die die Initiative ergriff und den Rat der Stadt dazu drängte, nun den Übergang zur lutherischen Konfession zu vollziehen – gegen den Widerstand der Fürstäbtissin, die dagegen Protest beim Kölner Erzbischof und dem Herzog von Jülich-Kleve-Berg einlegte. Der Konflikt eskalierte dann 1563, als die Bürger die lateinische Liturgie lautstark mit deutschen Kirchenliedern übertönten, den amtierenden Pfarrer daran hinderten, die Kanzel zu betreten, und ihn schließlich aus der Kirche heraustrieben. An seiner Stelle wurde Heinrich Barenbroch (um 1525-1587) berufen, der die Reformation im lutherischen Sinne vorantrieb und deshalb auch als der „Reformator Essens" bezeichnet werden kann.

3. Die Zeit der Konfessionalisierung

Um das Jahr 1560 ist ein Einschnitt in der Geschichte des Protestantismus in der Grafschaft Mark zu verzeichnen, der den Übergang zur Konfessionalisierung markierte, die vor allem von dem Bestreben geprägt wurde, die eigene Konfession gegenüber anderen abzugrenzen. Dabei gingen religiöse Überzeugungen und politische Interessen Hand in Hand.[36] Nun kam zu dem Gegensatz zwischen Katholiken und Protestanten noch die innerevangelische Auseinandersetzung zwischen Lutheranern und Reformierten hinzu. Reformierte traten im westlichen Gebiet des Herzogtums Jülich-Kleve-Berg zunächst als französische und vor allem niederländische Emigranten in Erscheinung, die aus ihrer Heimat geflohen waren, weil sie dort im Zuge der Rekatholisierung verfolgt wurden. Bedeutende Flüchtlingsgemeinden entstanden in Wesel und Duisburg. Nach niederländischem Vorbild übernahmen die Reformierten am Niederrhein auch die presbyterial-synodale Kirchenverfassung. Mit der Rezeption des Heidelberger Katechismus war die Grundlage für die Entwicklung einer spezifisch reformierten Theologie vorhanden. In der Grafschaft Mark wurde die erste reformierte Gemeinde von niederländischen Glaubensflüchtlingen 1561 in Hamm, der Haupt- und Residenzstadt der Grafschaft Mark, gegründet. Ein Jahr später wurde dort Karl Gallus Pfarrer an der Stadtkirche, an der er bis 1576 wirkte und dort den Heidelberger Katechismus einführte sowie dem calvinistischen Verständnis des Bilderverbots gemäß für die Beseitigung der Heiligenbilder sorgte.[37] In der Folgezeit entstanden in der Mark immer mehr reformierte Gemeinden, die sich dann auch untereinander um eine Verbindung bemühten. Ein erster Schritt war die Unterzeichnung eines Bekenntnisses, das der Essener Prediger Moritz Berger 1592 in Anlehnung an den Heidelberger Katechismus verfasst hat.

Die Ausbreitung des Calvinismus im rheinisch-westfälischen Gebiet rief den Widerstand der Lutheraner hervor,[38] zumal in dieser Zeit die dogmatischen Kontroversen unter den lutherischen und reformierten Theologen mit aller Schärfe publizistisch ausgetragen wurden. In dieser Zeit des Konfessionalismus war die Abgrenzung der eigenen Konfession nun wichtiger als die Wahrnehmung des Gemeinsamen oder zumindest die Tolerierung des Anderen. Angesichts der politischen Unruhe sah sich Herzog Wilhelm V. von Jülich-Kleve-Berg gezwungen einzugreifen: Per Erlass erteilte er ein Aufenthaltsverbot für Flüchtlinge aus den Niederlanden, die nicht den Nachweis erbringen konnten, dass sie keine aufrührerischen Ideen und ketzerischen Lehren vertraten – die Beweispflicht lag also beim Beschuldigten! Verdächtig und von den städtischen Magistraten persönlich zu überprüfen waren vor allem die Flüchtlinge, die sich mit den bestehenden kirchlichen Gebräuchen nicht begnügen wollten oder in den Gottesdiensten nicht erschienen, um dort am Abendmahl teilzunehmen – ein eindrückliches Beispiel dafür, dass sakramentale Handlungen eben auch der religiösen und damit zugleich der sozialen Kontrolle dienten.

Besonders heftig waren die Auseinandersetzungen in Unna, wo sich zunächst die lutherische Reformation durchgesetzt hatte, dann aber die Reformierten immer mehr an Einfluss gewannen, bis schließlich der bedeutende Liederdichter Philipp Nicolai (1556-1608) auftrat, dem es mit polemischen Predigten und Publikationen gelang, die Stadt für das Luthertum zurückzugewinnen.[39] Diese spannungsgeladene Geschichte der Reformation in Unna spiegelt sich auch in dem Kirchenraum der Stadtkirche wider: In der relativ kurzen Zeit, in der die Reformierten in Unna den Ton angaben, wurden die Bilder ganz im Sinne der calvinistischen Auffassung des Bilderverbots aus dem Kirchenraum entfern. Als die Lutheraner dann wieder die Geschicke der Kirche dominierten, wurde das im Kirchenraum mit einer aufwändig gestalteten Kanzel zum Ausdruck gebracht, deren Abbildungen geradezu programmatisch die lutherische Lehre von Gesetz und Evangelium darstellen – in der Gestalt des Mose und der vier Evangelisten.

In den Jahren 1610 bis 1612 fanden dann insgesamt drei Synoden statt, die von langfristiger Bedeutung für die Kirchengeschichte des Herzogtums Jülich-Kleve-Berg waren, weil sie die presbyterial-synodale Ordnung der evangelischen Kirche begründeten.[40] Die Synode der reformierten rheinischen Gemeinden 1610 in Duisburg bildete den Auftakt, im darauf folgenden Jahr versammelten sich dann in Unna die

Vertreter der reformierten Gemeinden in der Grafschaft Mark, und wieder ein Jahr später fanden sich die Lutheraner ebenfalls in Unna zu ihrer Generalsynode zusammen. Damit wurden evangelische Kirchen gegründet, die formal vom Staat unabhängig waren, in der Praxis aber mit dem Staat zusammenwirkten. Dass nun zumindest ein konfessionelles Nebeneinander möglich war, lag an den politischen Veränderungen in der Region, denn nach dem Tod des letzten Herzogs von Jülich-Kleve-Berg im Jahre 1609 fiel die Grafschaft Mark an Brandenburg und Pfalz-Neuburg, deren Herrscher darin überein kamen, den Angehörigen der drei christlichen Konfessionen Religionsfreiheit zu gewähren. Die macht- und religionspolitischen Konflikte verschärften sich dann, als das brandenburgische Herrscherhaus zur reformierten Konfession überging und Pfalz-Neuburg katholisch wurde. Der Streit, der sich noch über fünfzig Jahre hinziehen sollte, wurde überlagert vom Dreißigjährigen Krieg, der 1618 ausbrach und in dem die religiösen und politischen Auseinandersetzungen des Konfessionellen Zeitalters kulminierten. Der Westfälische Frieden von 1648 brachte dann eine wegweisende und auf lange Sicht auch tragfähige Lösung, indem die Bestimmungen des Augsburger Religionsfriedens von 1555 nun auch auf die reformierte Konfession ausgedehnt wurden, so dass nun alle drei christlichen Konfessionen gleichberechtigt waren. Mit der Festlegung eines sogenannten „Normaljahres" (1624), das über den konfessionellen Status der einzelnen Territorien entschied, wurde die Gegenreformation im Erzbistum Köln und im Fürstbistum Münster intensiviert, so dass dort schließlich die meisten Evangelischen vertrieben wurden. Auf der anderen Seite setzte in Brandenburg zu Beginn der 1660er Jahre eine Katholikenverfolgung ein, die von protestantischen Kirchenvertretern forciert wurde. Im Herzogtum Jülich-Berg konnten sich die Evangelischen auch unter der katholischen Obrigkeit behaupten, wobei die Reformierten ein deutliches Übergewicht hatten, während die Lutheraner stärker in der Diaspora lebten. Mit der Konsolidierung der religionspolitischen Verhältnisse einher ging eine Festigung der jeweiligen Konfessionskulturen sowohl in der theologischen Lehre als auch der Frömmigkeitspraxis.[41] Gesangbücher und Katechismen waren wichtige

Medien der Glaubensunterweisung und für die Vermittlung konfessioneller Normen und Habitus war das Schulwesen in der Kooperation von Kirche und politischer Obrigkeit von entscheidender Bedeutung. Von langfristiger Bedeutung für die Kultur- und Bildungsgeschichte war die Förderung der Volksschulen, deren Errichtung von den evangelischen Kirchenordnungen vorgeschrieben war.

4. Die Reformation in Bochum

Die Berichte zu der religiösen Lage in Bochum aus den 1520er bis 1560er Jahren zeigen, dass die kirchlichen Verhältnisse stabil waren, d.h. die römische Kirche uneingeschränkten Einfluss hatte und die Glaubensüberzeugung sowie Frömmigkeitspraxis bestimmte.[42] Typische Merkmale der spätmittelalterlichen Religiosität finden sich auch in der vorreformatorischen Kirchengeschichte Bochums wieder – etwa die Sakramentenfrömmigkeit und die damit verbundenen Fronleichnamsprozessionen. Auch die Marienverehrung war weit verbreitet und dazu trug vor allem ein bedeutendes Marienbild bei, das nach zeitgenössischen Berichten noch 1528 vorhanden gewesen sein muss. Zum Mittsommerfest wurde das Bild in feierlicher Prozession herumgetragen. Die altehrwürdige Bochumer Kirche – die heutige Propsteikirche, die ursprünglich dem Petrus-Patrozinium und seit 1522 dem Doppelpatrozinium Petrus und Paulus unterstellt war – gehörte, wie auch der benachbarte Reichshof, dem Landesherrn, dem somit auch die Besetzung der Pfarrstelle zustand. Die Investitur wiederum stand dem Dompropst von Köln zu, da Bochum kirchenorganisatorisch im 16. Jahrhundert – und noch bis 1801 – zum Kölner Erzbistum gehörte. Nach dem verheerenden Brand, der in Bochum am 25. April 1517 wütete und auch die Kirche zerstörte, wurde ein Neubau im Stil einer spätgotischen Hallenkirche errichtet. In der Bochumer Kirche und ihren Tochterkirchen bzw. -kapellen waren Mitte des 16. Jahrhunderts zehn Geistliche tätig, die täglich die Messe lasen. Es gab – auch das typisch für die vorreformatorische Frömmigkeit – mehrere Bruderschaften, die sich der Marien- und Heiligenverehrung widmeten und zugleich eine wichtige

Funktion in der memoria, also dem Totengedenken, wahrnahmen. Durchaus bemerkenswert ist, dass von der Kommunion zu Ostern 1525 berichtet wird, es sei auch den Laien der Kelch gereicht worden[43] – das kann noch nicht als Beginn der Reformation gedeutet werden, weil die übrigen Nachrichten aus dieser Zeit keinen Anlass geben, frühe reformatorische Tendenzen in Bochum zu vermuten, es lässt sich aber auch noch nicht mit der Kelchbewegung in Verbindung bringen, die erst in den 1530er Jahren im Herzogtum Jülich-Kleve-Berg aufkam.

Ab wann die Menschen in Bochum etwas von den reformatorischen Gedanken mitbekommen haben, lässt sich zwar nicht genau datieren, aber die Lage Bochums am Hellweg, d.h. die räumliche Nähe zu Essen und Dortmund einerseits sowie den benachbarten Gemeinden der Grafschaft Mark andererseits lässt doch vermuten, dass die Vorgänge dort auch in Bochum zur Kenntnis genommen worden sind – zumindest von denen, die aus beruflichen Gründen auch Kontakte zu Bürgern anderer Städte hatten, wie insbesondere die Kaufleute. Im Bochumer Umland war der Adel schon zum Teil evangelisch geworden, so z.B. die Besitzer des Hauses Weitmar, von Hasenkamp und von Eickel, bereits 1543, und mit ihnen auch viele Bauern.[44] Von den Bochumer Pfarrern und Vikaren wissen wir, dass sie gewisse Kenntnisse von den reformatorischen Auffassungen hatten bzw. haben konnten, insofern die Bochumer Pfarrbibliothek Teile von Luthers Werken aus der Jenaer Ausgabe von 1568 sowie Melanchthons bedeutendes Werk „Loci communes" in einer Ausgabe aus dem Jahr 1558 besaß.[45] Pfarrer in Bochum war von 1546 bis 1582, d.h. 36 Jahre lang, Jürgen von Schell, der zeitweilig von dem Dominikaner Johann von Asselen vertreten wurde, der seit 1538 von dem Dortmunder Kloster nach Bochum entsandt wurde. Ihrer adeligen Herkunft gemäß ging es beiden vor allem um die reich dotierten Einkünfte der Pfarrstelle. Da es sich hierbei um ein landesherrliches Patronat handelte und die Besetzung der Stelle dem Herzog von Jülich-Kleve-Berg vorbehalten war, sorgte dieser mit seiner Personalpolitik dafür, dass seine religionspolitische Linie eingehalten wurde.

Es war dann dem Wirken des Pfarrers Johann Boemken zu verdanken, dass die Reformation auch in Bochum Fuß fasste.[46] Nach dem

Tod Jürgen von Schells im Jahr 1582 verschärfte sich in Bochum die Auseinandersetzung mit den Dominikanern, die sozusagen als Außenstelle des Dortmunder Dominikanerklosters bei der Seelsorge in Bochum halfen. Boemken machte gegen die – wie er sie nannte – „schwarzen Mönche aus Dortmund" mobil und stieß damit bei dem Bürgermeister und dem Magistrat auf Zustimmung. Die Dominikaner beschwerten sich daraufhin bei der Regierung in Kleve darüber, dass das gemeine Volk sie verunglimpfe. In der Folgezeit verhalf Boemken der Reformation in Bochum zum Durchbruch, indem er den lutherischen Gottesdienst einführte und das Abendmahl unter beiderlei Gestalt austeilte. 1592 berief er dann Adolf Abeli als Schulrektor von Hattingen nach Bochum, der Luthers Katechismus lehrte.

In der Pfarrei Uemmingen, ursprünglich eine Filialkirche der Propsteikirche, die aber schon im 15. Jahrhundert selbstständig geworden war, trat der Pfarrer Dietrich Möller im Jahr 1609 zum lutherischen Bekenntnis über. Und auch in Weitmar, Langendreer, Harpen und Eickel waren die Pfarrer inzwischen lutherisch geworden, während die Dörfer vor den Stadttoren Bochums, die zur Stadtkirche gehörten – Altenbochum, Grumme, Riemke, Hofstede, Hamme und Wiemelhausen – mehrheitlich katholisch blieben.[47] Der offizielle Bruch der nun überwiegend evangelisch gewordenen Stadt mit der katholischen Kirche wurde aber aus politischen Gründen lange herausgezögert, zum einen wegen der Religionspolitik des Herzogtums, die genau das immer noch verhinderte, zum anderen aus Furcht vor den spanischen Truppen, die ihren Feldzug gegen die niederländischen Reformierten auch auf märkisches Gebiet ausdehnten. Angesichts dieser politischen Zwänge wagte die Stadt es nicht, den Übergang zur Reformation offiziell zu verkünden – und so wurde auch die Propsteikirche für lange Zeit noch von beiden Konfessionen genutzt. Erst Mitte des 17. Jahrhunderts wurde mit der Pauluskirche die erste evangelische Kirche in Bochum errichtet.[48]

Dass in den 1580er Jahren von Hexenverfolgung in Bochum berichtet wird,[49] wobei es interessanterweise zwei Männer waren, die auf dem Bochumer Markt miteinander in Streit geraten waren und sich gegenseitig der Zauberei beschuldigten, woraufhin sie sich der üblichen Wasserprobe unterziehen mussten, das lässt sich zum einen mit der angespannten Lage der Bochumer Bevölkerung erklären, die in diesen Jahren von einem erneuten Ausbruch der Pest bedroht wurde – und es ist eben oft vorgekommen, dass in Zeiten der Pest die Hexenverfolgung zugenommen hat –, es ist aber zum anderen auch auf die angespannte religiöse Lage zurückzuführen, denn die neuere Forschung zur Hexenverfolgung hat gezeigt, dass religiöse, d.h. konfessionelle Konflikte die Hexenverfolgung verstärkt haben, weil der Vorwurf der „Hexerei" oder „Zauberei" mit Häresie gleichgesetzt wurde und der Vorwurf der Häresie in Zeiten, in denen die konfessionelle Identität bzw. Homogenität in Frage stand, besonders schwerwiegend war.[50]

Während in dem Gebäude der Stadtschule im gesamten 17. Jahrhundert alle drei Konfessionen ihre Schulen unter einem Dach unterhielten,[51] wurde 1605 in Langendreer die erste evangelische Schule Bochums gegründet und damit eben auch auf dem Gebiet der Bildung das Anliegen der Reformation umgesetzt. Mit der zunächst vorläufigen und später dann endgültigen Regelung der Erbfolge im Herzogtum Jülich-Kleve-Berg wurde dann auch für Bochum ein neues Kapitel der Geschichte aufgeschlagen, insofern nun mit dem Hause Brandenburg dezidiert protestantische Fürsten die Landesherrschaft übernahmen. 1613 vollzog Bochum unter dem lutherischen Prediger Melchior Ebbinghaus nun auch offiziell den Bruch mit der katholischen Kirche.[52] Im gleichen Jahr trat Kurfürst Johann Sigismund vom Luthertum zum Calvinismus über, was die Entwicklung reformierter Gemeinden in der Grafschaft Mark begünstigte. So bildete sich in der Folgezeit auch in Bochum eine reformierte Gemeinde, ohne dass es – wie in den vorangegangen Jahrzehnten in anderen Städten der Region – zu gewaltsamen Konflikten zwischen Lutheranern und Reformierten in Bochum gekommen ist. Der relativ späte Durchbruch der Reformation in Bochum hatte somit auch seine gute Seite, insofern die erbitterten Auseinandersetzungen innerhalb des Protestantismus, wie sie die zweite Hälfte des 16. Jahrhunderts bestimmten, in dieser Form nicht mehr stattgefunden haben – inwieweit die innerprotestantische Abgrenzung im Alltag nach wie vor vollzogen wurde, wäre allerdings gesondert zu betrachten und auch politisch sträubten sich die Lutheraner lange Zeit dagegen, dass den Reformierten Sitze im Rat der Stadt zugestanden wurden. Die relativ wenigen Reformierten in Bochum wurden zunächst von dem Hausprediger Gerhard Poth auf Schloss Bladenhorst betreut, bis ihnen dann die Mitbenutzung der Bochumer Pfarrkirche erlaubt wurde.[53] Die Gunst der kurfürstlichen Regierung, die ja calvinistisch war, sorgte dafür, dass die Einkünfte der Gemeinde vermehrt werden konnten und am Ende des 17. Jahrhunderts dann auch eine eigene reformierte Kirche gebaut wurde.

Im Blick auf die Gesamtentwicklung Bochums zeigen sich gewisse Parallelen zu anderen Städten in der Grafschaft Mark, aber auch Besonderheiten. Dem typischen Muster entsprach die Reformation in Bochum insofern, als sie von unten erfolgte, also nicht von der Obrigkeit oder dem städtischen Magistrat ausging. Allerdings waren es nach den zeitgenössischen Berichten weniger die Bürger selbst – wie in Dortmund und Essen –, sondern die Pfarrer, die für die Einführung der Reformation sorgten. Eine Besonderheit ist sicherlich der zeitliche Verlauf der Reformation in Bochum – wenn erste Anfänge um das Jahr 1570 angesetzt werden können, so war das im Vergleich mit den anderen Städten der Region relativ spät, und es sollte dann ja noch über vierzig Jahre dauern, bis der endgültige, d.h. offizielle Übergang zur Reformation vollzogen wurde. Das lag eben an dem politischen Status der Stadt, die anders als Dortmund und Essen ihrem Territorialherren verpflichtet war, zugleich aber im Unterschied zu anderen Städten der Grafschaft Mark, in denen die Reformation früher und schneller eingeführt wurde, den Bruch mit der Religionspolitik des Herzogtums aufgrund ihrer wirtschaftlichen Bedeutung und strategischen Lage nicht so ohne weiteres wagen durfte. Die Kooperation von Lutheranern und Katholiken, wie sie sich in der gemeinsamen Nutzung der Propsteikirche widerspiegelt, war deshalb politisch geboten und aus heutiger Sicht ein Beispiel für eine interkonfessionelle Toleranz, wie sie in damaliger Zeit keineswegs üblich war.

Anmerkungen

[*] Überarbeiteter Text des Vortrages, der am 08.09.2016 in der Stadtakademie Bochum gehalten wurde. Der Vortragsstil wurde weitgehend beibehalten.

[1] Vgl. Michael Basse, Von den Reformkonzilien bis zum Vorabend der Reformation, Leipzig 2008, 35f.

[2] Vgl. ebd., 166.

[3] Vgl. ebd., 170-173.

[4] Vgl. Bernd Moeller, Frömmigkeit in Deutschland um 1500, in: ders., Die Reformation und das Mittelalter. Kirchenhistorische Aufsätze, hg. v. Johannes Schilling, Göttingen 1991, 73-85, hier: 81.

[5] Vgl. M. Basse, Von der Reformation bis zur Rheinisch-Westfälischen Kirchenordnung 1835, in: Protestantische Profile im Ruhrgebiet. Fünfhundert Lebensbildern aus fünf Jahrhunderten, hg. v. M. Basse, Traugott Jähnichen und Harald Schröter-Wittke, Kamen 2009, 9-22, hier: 9; Werner Freitag, Die Reformation in Westfalen. Regionale Vielfalt, Bekenntniskonflikt und Koexistenz, Münster 2016, 81-248.

[6] Vgl. Christian Schulte, Versuchte konfessionelle Neutralität im Reformationszeitalter. Die Herzogtümer Jülich-Kleve-Berg unter Johann III. und Wilhelm V. und das Fürstbistum Münster unter Wilhelm von Ketteler, Münster 1995, 34-44.

[7] Vgl. Freitag, Die Reformation in Westfalen (wie Anm. 5), 70-77.

[8] Vgl. Hubertus Schwartz, Geschichte der Reformation in Soest, Soest 1932, 26f; Christian Peters, Vom Wormser Edikt (1521) bis zum Augsburger Religionsfrieden (1555). Der Beitrag der Prädikanten zur Soester Stadtreformation, in: Soest. Geschichte der Stadt, Bd. 3, hg. v. Ellen Widder u.a., Soest 1995, 179-248, hier: 181f.

[9] Vgl. Schwartz (wie Anm. 8), 39f; Peters (wie Anm. 8), 191f.

[10] Vgl. Schwartz (wie Anm. 8), 45-48; Peters (wie Anm. 8), 196-199.

[11] Vgl. Ulrich Löer, Das Archigymnasium. Von der schola Susatiensis zum preußischen Gymnasium, in: E. Widder (Hg.), Soest (wie Anm. 8), 475-522, hier: 475-478.

[12] Vgl. Heinz Schilling, Dortmund im 16. und 17. Jahrhundert – Reichsstädtische Gesellschaft, Reformation und Konfessionalisierung, in: Gustav Luntowski/Norbert Reimann (Hg.), Dortmund. 1100 Jahre Stadtgeschichte. Festschrift, Dortmund 1982, 151-201, hier: 159f.

[13] Vgl. Wilhelm H. Neuser, Evangelische Kirchengeschichte Westfalens im Grundriß, Bielefeld 2002, 27.

[14] Vgl. Alois Schröer, Die Reformation in Westfalen. Der Glaubenskampf einer Landschaft, Bd. 1: Die westfälische Reformation im Rahmen der Reichs- und Kirchengeschichte. Die weltlichen Territorien und die privilegierten Städte. Die Zweite Reformation. Ergebnisse, Münster 1979, 253f; Freitag, Die Reformation in Westfalen (wie Anm. 5), 204-211.

[15] Vgl. Schulte (wie Anm. 6), 158-163.

[16] Vgl. M. Basse, Ritual und Bekenntnis – Die Bedeutung der Abendmahlspraxis in der Reformationsgeschichte Dortmunds, in: Westfälische Forschungen 66 (2016), 73-91, hier: 81f.

[17] Zit. n. Christian Helbich, 450 Jahre Laienkelch – 450 Jahre Reformation in Dortmund?, Bielefeld 2013, 89.

[18] Ebd.

[19] Ebd., 90.

[20] Ebd., 92.

[21] Ebd., 93.

[22] Vgl. Schröer (wie Anm. 14), 249; Robert Stupperich, Westfälische Reformationsgeschichte. Historischer Überblick und theologische Einordnung, Bielefeld 1993, 108-131; Willem de Bakker/Michael Driedger/James M. Stayer, Städtische Reformation und Täuferbewegung in

Münster. Historiographie, Rezeption und Erinnerung in vergleichender Perspektive, in: Westfälische Forschungen 66 (2016), 39-71, hier: 64f.

[23] Vgl. Friedrich Wilhelm Bauks, Die Anfänge der Reformierten Kirche in der Grafschaft Mark, in: Jahrbuch für Westfälische Kirchengeschichte 84 (1990), 97-158.

[24] Zit. n. Helbich (wie Anm. 17), 104.

[25] Vgl. Schröer (wie Anm. 14), 256.

[26] Evangelisches Gesangbuch Nr. 101.

[27] Ebd.

[28] Ebd.

[29] Ebd.

[30] Evangelisches Gesangbuch Nr. 280.

[31] Ebd.

[32] Ebd.

[33] Ebd.

[34] Ebd.

[35] Vgl. Marcel Nieden, Reformation in Essen, in: Johannes Schilling/Martin Grimm (Hg.), Orte der Reformation – Region Ruhr, Leipzig 2016, 32-35.

[36] Vgl. Schröer (wie Anm. 14), 472; Basse, Von der Reformation bis zur Rheinisch-Westfälischen Kirchenordnung 1835 (wie Anm. 5), 14.

[37] Vgl. Wilhem H. Neuser, Ein Schüler Calvins – der Pfarrer Carolus Gallus und seine Gemeinde in Hamm, in: Jahrbuch für Westfälische Kirchengeschichte 86 (1992), 115-125.

[38] Vgl. Freitag, Die Reformation in Westfalen (wie Anm. 5), 309-318.

[39] Vgl. Felix Blindow, Der Unbekannte Philipp Nicolai – Apokalyptiker am Vorabend des Dreißigjährigen Krieges, in: Jahrbuch für. Westfälische Kirchengeschichte 93 (1999), 39-63.

[40] Vgl. Basse, Von der Reformation bis zur Rheinisch-Westfälischen Kirchenordnung 1835 (wie Anm. 5), 16.

[41] Vgl. W. Freitag, Konfessionelle Kulturen und innere Staatsbildung. Zur Konfessionalisierung in westfälischen Territorien, in: Westfälische Forschungen 42 (1992), 75-191.

[42] Vgl. Franz Darpe, Geschichte der Stadt Bochum. Bd. II: Bochum in der Neuzeit, 2 Teilbde., Bochum 1891/93, 147f.

[43] Vgl. ebd., 148.

[44] Vgl. ebd., 162.

[45] Vgl. ebd., 156f.

[46] Vgl. ebd., 162-167; Jens Murken, Evangelische Kirchengemeinde Bochum, in: ders., Die Evangelischen Gemeinden in Westfalen, 2 Bde., Bielefeld 2008/2009, hier Bd. 1, 214-224, hier: 214f.

[47] Vgl. Murken (wie Anm. 46), 215.

[48] Vgl. Darpe (wie Anm. 42), 263.

[49] Vgl. ebd., 154.

[50] Vgl. Wolfgang Behringer (Hg.), Hexen und Hexenprozesse in Deutschland, München [7]2010, 130-136.

[51] Vgl. Darpe (wie Anm. 42), 277.

[52] Vgl. ebd., 224; Murken (wie Anm. 46), 215.

[53] Vgl. Murken (wie Anm. 46), 215.

Johann Bömken, Melchior Ebbinghaus, die Schmidts und andere Pastoren und Prediger der Bochumer Reformationszeit

Clemens Kreuzer

1. Johann Bömken und die Reformation in der Stadt Bochum

1.1. Das „frag-würdige" Jahr 1570

In dem zum 500-jährigen Reformationsjubiläum 2017 in der Reihe „Orte der Reformation" erschienenen Band „Region Ruhr" heißt es: „In Bochum breitete sich die Reformation ab 1570 aus."[1] Für die meisten Autoren, die über die Reformation in Bochum geschrieben haben, fand sie „ab 1570" oder „um 1570" statt, doch keiner legte dar, auf welche Weise das in jenem Jahr geschehen sein soll. Vielmehr beruft sich jeder auf die vorausgegangene Literatur, wobei der über zahlreiche Autoren zurückreichende „Stammbaum" dieser Jahreszahl schließlich bei Johann Dietrich von Steinen endet.[2] Er äußerte 1757 im 3. Teil seiner Westfälischen Geschichte die Vermutung (!), dass der Bochumer Pfarrer Johann Bömken, „welcher 1569 hier schon Vicekurat gewesen", den Anfang gemacht habe.[3] Doch von Steinen hat auch geschrieben: „Das eigentliche Jahr und durch welche das Reformationswerk hieselbst befangen worden, ist nicht bekannt." Er kannte als älteste urkundliche Erwähnung Bömkens das Jahr 1569; hätte er bereits gewusst, dass dieser schon 1557 Frühmesseherr an der Bochumer Pfarrkirche wurde[4], wäre wahrscheinlich 1557 als Ausgangspunkt der Reformation in Bochum tradiert worden. Tatsächlich wird auch dieses Jahr irrigerweise als Reformationsbeginn gehandelt[5] und ein namhaftes Handbuch zur regionalen Kirchengeschichte setzt Bömkens Bestellung zum Pfarrer im Jahre 1572 an den Anfang der Bochumer Reformation.[6]

Nun ist nicht zu bestreiten, dass die lutherische Reformation zurzeit des Johann Bömken, der von 1557 bis 1613 an der Bochumer Pfarrkirche St. Peter und Paul (heute Propsteikirche) tätig war, zunächst als Frühmesseherr (1557), dann als Vizekurat (1569) und schließlich als

Pfarrer (1572-1613), in Bochum Eingang gefunden hat. Man darf aber überlieferte reformatorische Tendenzen eines Klerikers jener geistig-geistlichen Umbruchzeit nicht einfach an den Anfang seiner 56-jährigen geistlichen Tätigkeit verlegen, wenn es dazu nicht Belege gibt, die dies bestätigen. Wo die Reformation nicht ad hoc eingeführt wurde, war sie sowohl in der Gesellschaft als auch im Leben des Einzelnen ein Prozess, der sich über viele Jahre hinziehen konnte. Im Leben des Johann Bömken sind, wie noch näher darzulegen sein wird, Hinweise auf reformatorisches Tun auch erst aus den letzten Jahren des 16. Jahrhunderts überliefert. Und sie beschreiben keineswegs einen definitiven Glaubenswechsel, sondern einen Mann, der in seinen Anschauungen schwankte und vieles zuließ, dem von dem Bochumer Regionalhistoriker Franz Darpe eine „offene Hinneigung zur Reformation, ja zeitweilige Annahme oder Duldung" nachgesagt wird, aber auch im Alter eine Rückorientierung zur „päpstlichen" Religion.[7] Für den Bochumer Superintendenten Ernst Poensgen, der 1924 eine Geschichte der evangelischen Gemeinde Bochum schrieb, war es „zu viel gesagt, wenn man den Pfarrer Johann Bömken (…) den ersten lutherischen Geistlichen Bochums genannt hat"[8], und auch dem oben erwähnten Handbuch zufolge kann Johann Bömken nicht „als eigentlich lutherischer Prediger angesprochen werden".[9]

Aus Bömkens ersten Jahrzehnten an der Bochumer Pfarrkirche gibt es keine urkundlichen Belege für reformatorische Tendenzen, etwa deutsche Lieder und Psalmen oder die Verteilung der Eucharistie unter den Gestalten von Brot und Wein an die Laien. Einige Schriften von Luther und Melanchthon, gedruckt in den Jahren 1556, 1558 und 1568, die Darpe noch im Pfarrarchiv der Propsteigemeinde fand[10], bestätigen ein Interesse der örtlichen Geistlichkeit an der Lehre Luthers, mehr jedoch nicht. Der lutherische Katechismus war nicht darunter.

Auch der heftige Streit, den es 1581/82 zwischen der Bochumer Bürgerschaft samt Bürgermeister und Pfarrer und den Mönchen der Dominikaner-Terminei am Hellweg bzw. in deren Stammkloster Dortmund gab[11], ist nicht Ausdruck örtlichen Reformationsgeschehens gewesen, wie gelegentlich vermutet wurde.[12] Diese mehrjährige, von Ge-

hässigkeiten, Beleidigungen und Verunglimpfungen bis hin zu Tätlich-
keiten geführte Auseinandersetzung, die sich zeitweise zu grotesken
Formen hochschaukelte[13], war nicht durch reformatorisch begründete
Gegensätze verursacht. Trotz aller Polemik wird in einer Eingabe, die
Pastor, Schultheiß, Bürgermeister, Rat und Kirchmeister 1582 an den
Drosten des Amtes richteten, als ihr eigentliches Anliegen deutlich, dass
sie nach dem Tod des 1579 verstorbenen Terminariers Heinrich von As-
selen einen tüchtigen Klostergeistlichen an dessen Stelle wünschten.[14]

Darpe meinte zwar, die Auseinandersetzung scheine „ihre tiefere
Ursache" in dem konfessionellen Gegensatz zu haben, der sich im Orte
„bereits herausgebildet hatte"[15], doch der sonst so quellenbewusste Hi-
storiker bleibt nicht nur jeden Beleg für konfessionelle Gegensätze in
jenen Jahren schuldig, er begründet das Engagement des Pfarrers Bömken in der Auseinandersetzung wenig später selbst mit dessen Absicht,
der Bochumer Pfarrkirche den Besitz der Dominikaner-Terminei und
der mit ihr zusammenhängenden Sakraments-Vikarie zu erhalten.[16]

1.2. Die Einführung lutherischer Gottesdienst-Elemente

Dass später unter Bömken reformatorische Bräuche in den Gottesdiensten der Bochumer Pfarrkirche üblich wurden, ergibt sich nicht
aus unmittelbar zeitgenössischen Dokumenten, sondern aus Zeugenaussagen, die 1642, also Jahrzehnte nach dem Tod des Pfarrers und der
inzwischen stattgefundenen Ausbildung verschiedener Konfessionen
protokolliert wurden. Zu diesen Zeugenverhören führte der Auftrag des
Kurfürsten an den Drosten des Amtes Bochum, Wennemar von Neuhof
auf Haus Rechen, festzustellen, „waß anno 1609 zu Bochumb in der
Pfarkirchen vor ein exercitium religionis gewesen und verubert worden".[17] Die Befragung von insgesamt 14 Zeugen sollte Grundlage der
kurfürstlichen Entscheidung werden, ob die Marienvikarie mit den daraus resultierenden Einkünften den Lutheranern oder den Katholiken
zustand, wobei sich die Entscheidung, wie auch bei den späteren Auseinandersetzungen über die Zuordnung des Kirchenvermögens, an den
konfessionellen Gegebenheiten des Jahres 1609 orientieren sollte. Die
Fragen des Bochumer Drosten beschränkten sich jedoch nicht auf das

Jahr 1609, sondern bezogen sich zunächst auch auf die vorausgegangene Zeit und am Ende des Fragenkatalogs auf die Jahre nach 1609 bis 1622, dem Beginn der Re-Katholisierungsphase durch die Gegenreformation.[18] Wie bei allen Zeugenbefragungen des 17. Jahrhunderts zur Feststellung der konfessionellen Verhältnisse im „Normaljahr" 1609 ging es auch bei der 1642 stattgefundenen Bochumer Befragung nicht um die komplizierten theologischen Gegensätze zwischen Katholiken und Lutheranern, sondern um die für die einfachen Leute nachvollziehbaren Unterschiede in den Gottesdiensten und der Verkündigung. Die inhaltlichen Schwerpunkte der Fragen des Drosten zu 1609 und vorher bezogen sich vor allem darauf,

1. ob das Abendmahl durch die damalige Geistlichkeit „vor dem Altar allen und jeden Communicanten ohn Unterscheidt unter beider Gestalt außgetheilet und gereichet sey", also auf den sogenannten Laienkelch;

2. ob nicht „auff allen Fest- und Feiertagen die evangelische und luthärische Gesänge und Psalmen in teutscher Sprache zu Bochum in der Kirchen jedeßmahls gesungen und gepraucht worden", weitere Fragen galten deutschen Gesängen in Vespern, bei Beerdigungen und der Überführung von Toten;

3. ob sich nicht der Schulrektor Adolphus Abeli „zu der lutherischer-evangelischer Religion bekennet" und nicht, „demselben succedirt", auch Dietrich Schluck, der spätere „Pastor zu Umminck der lutherischer-evangelischer Gemeinde";

4. ob die Rektoren Adolf Abeli und Dietrich Schluck den „Cathechismum Lutheri sehlig allein und jederzeit gepraucht und die Kinder gelehret haben".[19]

Die Fragen zum Abendmahl haben alle 14 Befragten im Sinne des demzufolge allgemein praktizierten „Laienkelchs" beantwortet. Auch Pfarrer Bömken und der Vikar Henrich Köpper hätten es so gespendet, ergänzten einige.[20] Zwei Zeugen schilderten die Austeilung sehr plastisch: es sei „an der einer Seithen deß Altahres von einem Priester das Brodt und an der ander Seithen der Wein gereichet worden".[21] Zu den deutschen Liedern und Psalmen wussten zwar nicht alle 14 etwas zu sagen, weil einige sich nicht mehr erinnerten oder die speziell erfragten Situationen (Kindervespern, Beerdigungen) nicht selbst erlebt hatten, doch diejenigen, die sich zur Sache äußern konnten, bestätigten den allgemeinen Gebrauch deutschsprachigen Liedgutes, häufig unter Nennung ganz konkreter Liedtitel. Zwei von ihnen sagten allerdings, dass es zwischendurch auch lateinische Gesänge gegeben habe, also gelegentlich deutsche und lateinische im Wechsel vorkamen.

Kein gleichermaßen exaktes Bild ergeben die Antworten auf die Fragen zum Gebrauch des lutherischen Katechismus und zum Bekenntnis der beiden Schulmeister zur lutherischen Religion. Hier äußerte sich nur ein kleinerer Teil der Befragten mit klarer Zustimmung, manche Zeugen wussten die Fragen nicht zu beantworten und der überwiegende Teil der Antworten war nicht eindeutig, was auch an der teilweise unpräzisen, manchmal kaum verständlichen Fragestellung und der Zusammenfassung unterschiedlicher Sachverhalte in einer Frage gelegen haben dürfte. Keiner der 14 Befragten hat jedoch das Gegenteil behauptet. Spätere Zeugenvernehmungen im Jahre 1668 ergaben, „dass Abeli allzeit lutherisch gewesen und Luthers Katechismus gelehrt habe".[22]

Auffällig ist, dass sich diejenigen Fragen von 1642, bei denen es um den Gebrauch des lutherischen Katechismus und um das Bekenntnis zur lutherischen Religion geht, ausschließlich auf Abeli und Schluck beziehen. Gewiss lag der Katechismus-Bezug bei ihnen als Lehrende besonders nahe, doch der lutherische Katechismus war auch Ausdruck der Verkündigung im Sinne der Reformation und das Bekenntnis zur lutherischen Religion die entscheidende Frage zur Feststellung der Glaubensrichtung. Keine dieser Fragen, ja keine einzige der ersten 14 von 17 Hauptfragen des Drosten, die Bömkens Zeit betrafen, zielte unmittelbar auf seine Person, obwohl er als Pfarrer eigentlich die bestimmende Figur an der Pfarrkirche war, während bei vier Fragen direkt das Handeln der beiden Schulmeister Adolph Abeli und Dietrich Schluck angesprochen wurde. Das Bekenntnis zur lutherischen Religion ist für Bömken gar nicht erfragt worden, obwohl die Katholiken den Drosten ausdrücklich gebeten hatten, die Zeugen auch darüber zu befragen, ob sich der Pfarrer nicht 1609 öffentlich zur katholischen Religion bekannt habe, u.a. durch Messfeiern an Sonn- und Werktagen, durch Prozessionen und Predigten. Der Droste hatte diese Frage, aus welchen Gründen auch immer, nicht zugelassen.[23]

Es scheint, dass Bömken, obwohl er auch selbst den Laienkelch anbot und in seinen Gottesdiensten deutsche Lieder gesungen wurden, sich der Reformation nicht vollinhaltlich angeschlossen hat. Er wäre nicht der Einzige gewesen: Der Priester Arndt Tack (Arnold Tacke) aus Castrop, der um 1609 drei Jahre lang als Vikar in Bochum gewirkt hatte, erklärte als einer der 14 Befragten von 1642 zur eigenen Person: „Sei zwar catholisch, allein administrire das Sacrament in beider Gestalt und singe teutsche Psalmen." In Bochum habe er es damals „selbsten allso helfen administriren".[24]

Adolf Abeli und sein Nachfolger Dietrich Schluck scheinen die treibenden Kräfte der Reformation in Bochum gewesen zu sein. Abeli war, bevor er 1594 nach Bochum wechselte, „Rector scholae evangelicae zu Hattnegen"[25], und Schluck wurde 1614 im Anschluss an seine Bochumer Tätigkeit der erste Prediger der kurz zuvor gegründeten evangelisch-lutherischen Gemeinde Wattenscheids, danach lutherischer Pastor in Ümmingen.[26]

Da Abeli seine Bochumer Stelle 1594 angetreten hat, der junge Schluck, der seit dem Frühjahr 1610 in Helmstedt studiert hatte und sich am 24. September 1611 dort ordinieren ließ[27], aber erst 1612, ist zu vermuten, dass zunächst Adolf Abelis Dienstantritt das lutherische Bekenntnis in Bochum beförderte. Dass er hier sofort den lutherischen Katechismus lehrte, ergibt sich aus der Befragung des Tuchmachers Arnd Grohmann im Zeugenverhör von 1642. Er wurde zusätzlich zu den Standartfragen danach gefragt, „ob er nicht lange vor dem Jahre 1609 in der Schule zu Bochumb den Catechismum Lutheri von dohmaligen Rectore gelehret". Grohmann bestätigte dies.[28] Da der 61-Jährige vorweg zu seiner Person gesagt hatte, dass er zunächst nur bis zum 15. Lebensjahr in Bochum gewesen und dann nach Preußen gezogen sei, (also Bochum ca. 1596 verließ), ist damit für die Jahre 1594 bis 1596 die Lehre des lutherischen Katechismus bestätigt.

Auch Grohmanns bejahende Antwort der Frage, ob er durch Bömken das Abendmahl unter beiden Gestalten empfangen habe, dürfte sich bereits auf diese Jahre beziehen. Dass der Pfarrer die Eucharistie schon vor dem Jahre 1609 unter beiden Gestalten ausgeteilt habe, gab auch der etwas ältere Bochumer Ratsherr und Ackerbauer Berndt Severin zu Protokoll, doch wie lange vorher, präzisierte er nicht. Das taten auch die übrigen aufgebotenen Zeugen nicht, von denen der älteste 72 Jahre alt war, aber in Laer wohnte und in Ümmingen zur Kirche ging. Vier weitere Befragte waren 60/61 Jahre alt und alle übrigen deutlich jünger. Dies bedeutet, dass die Erinnerung unter Berücksichtigung nicht mehr präsenter Kinderjahre bei den Älteren noch in das letzte Jahrzehnt des 16. Jahrhunderts zurückreichen konnte, bei den Jüngeren aber nur in das frühe 17. Jahrhundert, weshalb auch der 41jährige Michael Schlett freimütig einräumte, er „sey dero Zeit (…) ein Kind gewesen".[29]

Die Zeugenaussagen von 1642 können die damals als lutherisch geltenden Lehren und Gottesdienstpraktiken in Bochum also zurück bis zur Mitte der 90er Jahre des 16. Jahrhunderts bestätigen. Natürlich schließt das Fehlen urkundlicher Bezeugung nicht aus, dass auch schon früher deutsche Lieder in der Pfarrkirche gesungen wurden, zumal diese auch in den altgläubigen Gemeinden beliebt waren, und von den zahlreichen in Bochum tätigen Klerikern mag mancher auch vorher schon den „Laienkelch" praktiziert haben. Aber einzelne der von Luther angeregte „Neuerungen" waren noch keine Einführung der Reformation.

Das galt auch für Ehen von Klerikern, die nicht nur von Martin Luther, sondern auch vom Herzog von Kleve-Mark und sogar vom deutschen Kaiser legalisiert worden waren. In den späteren Befragungen wurden Kleriker-Ehen als signifikant für eine pro-reformatorische Einstellung gewertet, doch bei der Bochumer Zeugenbefragung von 1642 spielten sie keine Rolle. Johann Dietrich von Steinen hat zwar Bömken wegen der angeblichen Existenz eines Sohnes unterstellt, er habe sich „ein Weib genommen", doch Franz Darpe konnte von Steinens Begründung als Fehlinterpretation seiner Quelle widerlegen.[30] Allerdings wurde im Zuge einer 1611 vom päpstlichen Nuntius u.a. im Lande Kleve-Mark veranlassten Visitation für Bochum protokolliert, der 70-jährige Pastor – ein Jahr später bezeichnete ihn ein Bochumer Schriftstück als 80-Jährigen[31] – habe im Konkubinat gelebt, die Konkubine aber nach der Rüge des Visitierenden entlassen und die ihm auferlegte Buße angenommen.[32]

Ende des 16./Anfang des 17. Jahrhunderts waren in Bochum lutherische Lehren und Gottesdienstpraktiken virulent, aber eigenständige lutherische Gemeinden gab es noch nicht. Das lag an der „politischen Großwetterlage". Im Gegensatz zu vielen anderen Landesfürsten, die für sich, ihr Land und dessen Bevölkerung festlegten, welche Religion zu praktizieren war, hatten die Herzöge von Kleve-Mark im ganzen 16. Jahrhundert in ihrem Herrschaftsgebiet einen mittleren Weg zwischen der überkommenen Religion und der reformatorischen verfolgt. Dabei waren sie liberal genug, von der Praxis des alten Glaubens über die verschiedensten Mischformen bis hin zur konsequenten Annahme der Reformation die unterschiedlichsten christlichen Bekenntnisse auf lokaler Ebene zu tolerieren, solange deswegen in der jeweils betroffenen Bevölkerung kein Streit entstand und kein ausdrücklicher Austritt aus der alten Kirche erklärt wurde. Denn außenpolitisch hatten sich die Herzöge an Kaiser und Papst gebunden.

1.3. Die Anfänge der lutherischen Gemeinde

Bis zum Jahre 1609 war dies landesweit die politische Situation. Es existierten inzwischen zwar zahlreiche Gemeinden, in denen – wie für die Stadt Bochum beschrieben – Elemente des lutherischen Glaubensverständnisses praktiziert wurden, aber auch solche, in denen – wie noch aus dem Amt (Landkreis) Bochum darzustellen sein wird – der alte Glaube konsequent beibehalten oder die lutherische Religion komplett angenommen worden war. Doch offiziell anerkannte evangelische Gemeinden waren auch diejenigen noch nicht, die sich zu Luther bekannten.

Diese Situation änderte sich, als im Jahre 1609 der letzte der Herzöge von Kleve-Mark kinderlos starb und seine Erben, der Kurfürst von Brandenburg und der Pfalzgraf von Neuburg, die Regierung in Kleve-Mark antraten, genauer: als die aus diesen Adelshäusern entsandten Regenten dort erschienen.[33] Sie erklärten in ihren Reversalien vom 4./14. Juli 1609, dass „die katholische römische wie auch andere christ-

53

liche Religion (…) an einem jedem Ort in öffentlichen Gebrauch und Übung (…) zuzulassen und darüber niemand in seinem Gewissen noch exercitio (…) zu betrüben" sei.[34]

Dies bekräftigten sie im April 1610 für Bochum besonders, nachdem „sämtliche der ev. Religion zugetane Untertanen des Amtes" darum gebeten hatten, ihnen gleich anderen Orten im Reich „das freie Exercitium der ev. im Reich zugelassenen Religion in ihren Häusern zu gestatten."[35] Das geschah und die erklärten Lutheraner trafen sich zu ihren Gottesdiensten in einem Raum des Schultheißenhofes. Ab Anfang 1611 erhielten sie auf Befehl der Landesherren zur „exercitio religionis" ein „Gemach auff Ihre Fürstl. Gnaden Behaußung binnen Bochumb, auff welchem man vom Kirchhoff kommen kann."[36] Das war die fürstliche Rentei, die neben der Pfarrkirche dort stand, wo sich jetzt die Alte Propstei befindet.

Im folgenden Jahr 1612 konnte die sich bildende lutherische Gemeinde einen weiteren Schritt auf dem Weg zur Verselbständigung tun: Schon im Sommer 1610 hatte sie sich um die durch den Tod des Inhabers freigewordene Marien-Vikarie bemüht, doch Bürgermeister und Rat hatten diese einem Anhänger des alten Glaubens übertragen, worauf „allerhand scharfe Reden und Schriften" zwischen Lutheranern und Katholiken hin und her gingen.[37] Nachdem sich die Anhänger der Reformation schließlich an die neuen Landesherren gewandt hatten, wurden Regierungskommissare zur Schlichtung des Streites nach Bochum entsandt, die unter Hinzuziehung des Drosten am 7. August 1612 festlegten, die bisherige Ratsentscheidung „solle kassiert und uffgehoben sein". Den Fürsten sei eine Person „der evangelischen Gemeinde augsburger Konfession" zu präsentieren, der dann die Einkünfte aus der Marien-Vikarie zuzuweisen wären.[38]

Präsentiert wurde Melchior Ebbinghaus aus Voerde im damaligen Amt Wetter. Dort war er seit 1605 Vikar des Marienaltars in der Pfarrkirche, auch Leiter einer kleinen Lateinschule am Ort. Ab Frühjahr 1611 hatte er zeitgleich mit Dietrich Schluck in Helmstedt studiert.[39] Am 5. September 1612 bestätigte die Regierung die Übertragung der Bochumer Marienvikarie an ihn[40] und schon Anfang Oktober vertrat er auch die Bochumer Lutheraner bei der ersten märkischen Synode in Unna, zu der sich mehr als 90 Synodale aus fast 60 lutherischen Gemeinden der Grafschaft Mark zum regionalen Zusammenschluss trafen. Im Zentrum der Veranstaltung stand die feierliche Unterzeichnung eines Glaubensbekenntnisses durch alle Teilnehmer, geordnet nach den märkischen Ämtern, aus denen sie kamen. Ebbinghaus unterschrieb noch unter „Amts Wetter" mit den Worten: „Melchior Ebbinghusius, vicarius voerdensis et ecclesiae Bochumensis orthodoxae minister"[41], also als Vikar zu Voerde und Diener der rechtgläubigen Gemeinde in Bochum.

Am 3. Oktober 1612 stellten Bürgermeister und Rat der Stadt den im Zusammenhang mit den Befragungen von 1642 erwähnten Dietrich Schluck, der zeitgleich mit Melchior Ebbinghaus in Helmstedt studiert hatte, als „rector scholae" und „ludi magister" ein[42] und übertrugen ihm die Hälfte der Primissariats-Einkünfte.[43] Schon am 6. Juni hatten sie die fürstliche Regierung aufgefordert, es nicht zuzulassen, dass die Stelle des an der Fußgicht erkrankten und resignierenden Pfarrers Bömken mit einem „der päpstlichen Religion zugethanen Geistlichen" besetzt werde.[44] Die wiederholten Aktivitäten der Stadtspitze zugunsten der Lutheraner in den Jahren 1611/12 lassen erkennen, dass diese inzwischen deutlich an Einfluss in Bochum gewonnen hatten. Darpe vermutet sogar einen zwischenzeitlichen Wechsel der konfessionellen Mehrheitsverhältnisse im Rat der Stadt.[45]

Die Stadtspitze hatte ihre Bitte, Bömkens Nachfolge keinem katholischen Geistlichen zu überlassen, mit der Behauptung begründet, „dass die ganze Stadt Bochum, außer etwa 3-4 Bürger, der lutherischen Lehre beipflichte".[46] Das wäre ein quantitativ gravierender Sprung in die Reformation gewesen, doch diese in reformationsgeschichtlichen Beiträgen häufig unkritisch übernommene Angabe[47] ist trotz des unstrittigen Trends zum Luthertum interpretationsbedürftig.

Schon dass die Lutheraner 1611/12 mit einem „Gemach" der fürstlichen Rentei als Gottesdienstraum auskamen, aber in die räumlich weitaus größere Pfarrkirche nur noch 3-4 Altgläubige gingen, ist unwahrscheinlich. Tatsächlich war es wohl so, dass die sich konsequent zum Luthertum bekennenden Bürger die Gottesdienste in der Rentei aufsuchten, während im größten Teil der Bochumer Bevölkerung noch gar keine abschließende konfessionelle Trennung stattgefunden hatte. Er besuchte nach wie vor die Pfarrkirche, wo die als lutherisch geltenden Gottesdienstgebräuche des deutschen Liedgesangs und des Abendmahls unter beiden Gestalten ohnehin praktiziert wurden. Deshalb gingen die Bochumer Stadtväter davon aus, dass auch dieser Teil der Bürger dem Luthertum „beipflichte".

Aus demselben Grunde hat noch 30 Jahre später der Droste Wennemar von Neuhof, als er das Ergebnis seiner Erkundungen zum „exercitium religionis" in den Jahren vor und nach 1609 für den Kurfürsten in einem Begleitbrief zu den dokumentierten Befragungen zusammenfasste, keinen prinzipiellen Unterschied zwischen der Religionsausübung der Katholiken und der Lutheraner erkennen können.[48] Nach einer 2006 erschienenen Untersuchung der Konfessionalisierung in der Grafschaft Mark vermittelt von Neuhofs Zeugenverhör eine Glaubenspraxis im damaligen Bochum, „die konfessionell nicht klar zuzuordnen ist, (…) weil es in einem gewissen Sinne gar keine konfessionellen Verhältnisse gab. Stattdessen gab es eine städtische Religionsausübung, die innerhalb der Stadt auf Konsens beruhte."[49]

So war die Gruppe der konsequenten Lutheraner, die wohl spätestens seit der märkischen Synode 1612 auch in Bochum eine organisatorische Verselbständigung anstrebte, nicht allzu groß. Im Jahre 1613 passten ihre Namen auf eine eigenhändig unterzeichnete Trennungserklärung, die es noch Ende des 19. Jahrhunderts im Archiv der Bochumer Propsteigemeinde gegeben haben soll.[50]

Im selben Jahr hat Bömken sein Amt an der Bochumer Pfarrkirche aufgegeben. Unter dem 10. September 1613 verzeichnen die klevemärkischen Register, dass der Bochumer Pfarrer „Joannes Boemken" resigniert habe.[51] Im folgenden Jahr 1614 übertrug die Regierung, die offenbar auf Zeitgewinn setzte, die Pfarrstelle dem noch minderjährigen Sohn eines Hofbeamten, der aber erst einmal studieren musste, während die faktische Leitung der Pfarrei seinem Vizekuraten, dem katholischen Priester Friedrich Pistorius (Becker) oblag.[52] Die Regierung sah wohl, dass die tatsächlichen religiösen Verhältnisse in der Bochumer Stadtbevölkerung nicht ganz so klar waren, wie die Stadtspitze sie geschildert hatte. Es kam hinzu, dass die Pfarrkirche auch den konservativen Bauern der Dörfer ringsum diente, von Altenbochum und Wiemelhausen bis Marmelshagen, Hamme und Riemke.

Pistorius hat zunächst an den unter Bömken eingeführten lutherischen Gottesdienst-Elementen festgehalten, bis ihn die veränderte „politische Großwetterlage" 1622 zum Exponenten der regionalen Gegenreformation werden ließ. Der Pfalzgraf von Neuburg war schon 1614 zum katholischen Glauben übergetreten (wie der Brandenburger zuvor zu den Calvinisten) und hatte sich mit den im spanisch-niederländischen Krieg militärisch engagierten Spaniern verbündet, deren Soldateska sich in der Grafschaft Mark festsetzte. Die neuburgisch-spanische Allianz beherrschte die Mark politisch wie militärisch und betrieb eine rigorose Re-Katholisierung. In Bochum präsentierte der Pfalzgraf 1622 den bisherigen Vizekuraten Pistorius für das Pfarramt, und der Kölner Erzbischof sorgte für die Investitur. Der verpflichtete den neuen Pfarrer zu den alten Gottesdienstformen, Deutsche Lieder und den Laienkelch gab es nun in der Pfarrkirche nicht mehr.

Die lutherischen Gottesdienste in der fürstlichen Rentei mussten eingestellt werden. Richter Matthias Daniels, der örtliche Vollstrecker der Politik des Pfalzgrafen in Bochum und damit auch der Gegenreformation, ließ den direkten Zugang zu jenem Raum, der den Lutheranern für Gottesdienste zur Verfügung stand, zumauern. Der Raum wurde zum Wachtlokal für die spanischen Soldaten. Dem lutherischen Prediger Melchior Ebbinghaus wurde die Marienvikarie 1622 wieder genommen und erneut dem katholischen Priester Detmar Wittgenstein, der sie 1612 hatte abgeben müssen, zugeeignet.[53] Als der starb, konnte Richter Daniels seinen noch im Kindesalter befindlichen Sohn in den Besitz der Vikarie bringen.

Ebbinghaus war damit ohne Broterwerb, aber es sollte für ihn noch schlimmer kommen. Einer Eingabe der lutherischen Gemeinde zufolge, mit der diese nach dem Ende der Gegenreformation ihre Rechte an der Marienvikarie wieder geltend machte, ist der Prediger von spanischen Soldaten schwer misshandelt worden: „Nach vielem Stoßen und ausgestandenen Trangsalen" hätten „die Kriegesleuthe denselben ans Feuer gelegt und gleichsamb gebraten".[54] Solche Misshandlungen wurden z.B. praktiziert, um Informationen über Verstecke von Geld und Wertsachen aus den Betroffenen herauszupressen. Nachfolgenden Berichten zufolge ist Ebbinghaus sogar „in einer Wanne zu Tode gebraten" worden. Tatsächlich konnte er, zweifellos misshandelt, noch aus dem Haus fliehen und Bochum verlassen. Er ist Ende 1627 gestorben.[55]

Die Radikalität der Gegenreformation hat offensichtlich die Trennung der Konfessionen befördert, indem sie manchen dazu brachte, sich eindeutig für die eine oder die andere Seite zu entscheiden. Jedenfalls wurden späterer Zeugenaussage zufolge „derzeit etzliche Lutherische catholisch und etzliche Catholische lutherisch."[56] Eine Reihe von Zeugen bestätigte, was der Droste 1642 in der letzten seiner 17 Standartfragen vorgegeben hatte: Es sei „scandaliciret", dass „der Gemeinde der Kelche des Herrn voriger Observantz wieder entzogen" wurde. Daher sei ein Teil der Bürger „zu der lutherischen-evangelischen Confession und deßen Exercitio sich von den Papstischen gescheiden und anderwertlich begeben", während ein anderer Teil „nach alter Gewohnheit zu der Pfarkirche in Bochumb sich gehalten, dannoch in vielen Jahren nicht commniciren wollen". Die Befragung von 1642 nennt eine Reihe konkreter Beispiele.[57]

Der Spuk der „Gegenreformation" ging zwar 1629/30 mit dem Wechsel der Regierungsgewalt auf den Kurfürsten von Brandenburg und dem anschließenden Abzug der Spanier aus der Grafschaft Mark zu Ende, aber es sollte noch Jahrzehnte dauern, bis sich die konfessionellen Verhältnisse in Bochum konsolidiert hatten. Die Lutheraner konnten erst 1655 mit dem Bau eines eigenen Gotteshauses beginnen, die Reformierten erst 1691.

2. Die Schmidts und andere in der Reformation des östlichen Amtes Bochum

2.1. Johann und Gerhard Schmidt – Reformatoren in Langendreer

Als die Reformation Ende des 16. Jahrhunderts in der Stadt Bochum Platz griff, war sie in Teilen des östlichen Amtes Bochum schon ein halbes Jahrhundert eingeführt, zuerst in Langendreer.

Der Altmeister der westfälischen Geschichte, Johann Dietrich von Steinen, der selbst lutherischer Pastor von Frömern (bei Fröndenberg) war und dessen Sohn und Nachfolger von 1747 bis 1759 als Pfarrer an der Langendreerer Dorfkirche amtierte, hat die Anfänge in Langendreer so beschrieben: „Im Jahre 1554 ist Johan Schmid Pastor hieselbst gewesen, und hat die Reformation angefangen, welche sein Sohn und Nachfolger Gert Schmid, Faber oder Fabricius, wie der sich auch nennet, recht zu Stande gebracht hat. Dieser ist 1607 gestorben, und der Sohn Hermann Fabricius (…) sein Nachfolger worden."[58]

Viel mehr wusste von Steinen nicht, denn die Quellenlage über die Anfänge der Reformation in Langendreer, die er und sein historisch ebenfalls ambitionierter Sohn hier noch vorfanden, war dünn. Der von ihm Erstgenannte, Johann Schmidt, kommt in kirchlichen Überlieferungen gar nicht vor, wohl aber mehrfach in Urkunden über örtliche Rechtsgeschäfte. So verkaufte der Adelsherr Elbert von Holte am 2. Mai 1532 dem „Pastor Johanne Smyth zu Langendryer" einiges aus seinem hiesigen Lyndemannsgut.[59] Demzufolge war Johann Schmidt also schon 1532 in Langendreer tätig. Wann und wo er geboren ist und vor seiner Langendreerer Zeit gewirkt hat, ist nicht überliefert.

In weiteren Urkunden wird er 1538 als „Johanne Smyten, Pastor"[60], dann 1548 als „Johan Smiet, Vicecurat zu Langentrier"[61], 1554 als „Johan Smydt, Pastore" der „Capellen tho Langendreer ym Kerspell zu Lütkendortmund"[62] genannt, in einer Urkunde von 1555 sogar zum „pastoir der pfarkercken to Langendryer" befördert[63], doch Pfarrkirche war seine Kirche da noch lange nicht. Es gibt also mehrere Urkunden, die seine Tätigkeit an der Langendreerer Dorfkirche belegen, vom Anfang der 1530er bis – wie noch darzustellen sein wird – zum Ende der 1550er Jahre. Sie berichten allerdings nichts von seinen kirchlichen Aktivitäten am Orte. Doch daran erinnern immerhin zwei in Bronze gegossene Urkunden, nämlich die beiden größeren Glocken im Turm der Christuskirche bis heute, die 1537 und 1551 und damit in seiner hiesigen Amtszeit, wohl auch durch ihn, angeschafft wurden.[64]

Dass Johann Schmidt die Reformation in Langendreer „angefangen" habe, belegt von Steinen nicht in seiner Geschichte „vom Gericht und

Kirchspiel Langentreer", sondern in seiner Historie „vom Gericht und Kirchspiel Witten".[65] Dort verweist er auf den reformierten Prediger und Gelehrten Werner Teschenmacher, der in seinen ab 1632 verfassten Reformations-Annalen des Herzogtums Kleve geschrieben habe, dass Johannes Fabricius (latinisierte Fassung des deutschen Namens Schmidt) aus Langendreer bei der Reformation in Witten „den Anfang gemacht" habe[66] Von Steinen ergänzte: Da Witten an das Kirchspiel Langendreer grenze und mit dem Tod des 1557 verstorbenen Wittener Pfarrers Wessel von Rhydt bis zum Dienstantritt seines Nachfolgers Heitmann eine Zeit der Vakanz entstanden sei, habe vielleicht der nachbarliche Pfarrer aus Langendreer „den Grund zur Reformation" in Witten gelegt. Jedenfalls seien dort bei der Ankunft des neuen Pastors Heitmann schon „viel Lutherische gewesen". Als Heitmann zunächst die altgläubigen Traditionen fortsetzte und Anlass zu mancherlei Klagen gab, führte der lutherische Adelsherr Rob. Stael von Holstein auf Schloss Steinhausen[67] darüber Beschwerde bei dem Patronatsherrn der Kirche und bat darum, „dass den Lutherischen Pastoren zu Wengern oder Langentreer (…) möchte erlaubt werden", an der Wittener Kirche zu „administriren".[68]

Es ist dies der einzige zeitgenössische Hinweis darauf, dass der Langendreerer Pastor Johann Schmidt Lutheraner war. Da von Steinen zu Recht davon ausging, dass Schmidt dies auch schon vor 1557 gewesen sein dürfte, aber nur dessen urkundliche Erwähnung von 1554 kannte, hat er dieses Datum und die Angabe, Schmidt habe die Reformation in Langendreer „angefangen", in einem Satz zusammengefasst. Daraus wurde von späteren Autoren ein Zusammenhang zwischen der Jahreszahl 1554 und der Reformationseinführung hergestellt. Doch wahrscheinlich ist, dass die Aneignung der Reformation durch Johann Schmidt und ihre Weitergabe an seine Gemeinde schon Jahre vorher begonnen hat.

Es gibt gute Argumente dafür, sie auf die frühen 1540er Jahre zu datieren. Der Konrektor und Heimatforscher Emil Tetzlaff hat in einer um 1928 veröffentlichten Schrift über die Geschichte der evangelischen Kirchengemeinde Langendreer darauf hingewiesen, dass Johann Schmidts Sohn Gerhard, der auch sein Nachfolger als Pastor von Langendreer werden sollte, wahrscheinlich schon in der ersten Hälfte der

40er Jahre geboren wurde. Er schloss dies aus dem körperlichen Zustand des Gerhard Schmidt vor seinem Tod (1611), der für ein höheres Alter sprach. Im Rahmen einer späteren notariellen Zeugenbefragung berichteten nämlich zwei Langendreerer Bauern, dass der Pastor Gerhard Schmidt, den sie noch gekannt hätten, in seinen letzten Jahren im Stuhl vor den Altar getragen wurde und von dort, in einem Sessel sitzend, gepredigt habe.[69] Wenn Gerhard Schmidt aber vor 1611 ein alter und gebrechlicher Mann gewesen sei, so Tetzlaff, müsse man seine Geburt und die Verheiratung seines Vaters in die frühen 40er Jahre legen.[70]

Es kommt hinzu, dass sich in jenen Jahren die „politische Großwetterlage" im Herzogtum Kleve-Mark reformationsfreundlicher entwickelte, als sie unter dem 1539 verstorbenen Herzog Johann III. war. Dessen Sohn und Nachfolger, Wilhelm V., musste sich zwar gegenüber dem Kaiser nach einer verlorenen Auseinandersetzung verpflichten, katholisch zu bleiben, stand aber der lutherischen Sache weitaus offener gegenüber als sein Vater. Der Kirchenhistoriker Robert Stupperich schreibt von den „evangelischen Neigungen des Herzogs, der die Confessio Augustana Variata unterzeichnete"[71] und Weihnachten 1542 sowie Ostern 1543 die Eucharistie unter beiden Gestalten empfing[72], was als Demonstration für die Ansichten der Reformation galt. Zudem trat der Erzbischof von Köln, zu dessen Diözese Stadt und Amt Bochum gehörten, offen für die Reformation ein, und Melanchthon weilte in Köln, um den Erzbischof bei der Einführung der Reformation in seinem Bistum zu beraten.

Dass die davon geprägte geistig-religiöse Atmosphäre im Lande Kleve-Mark den Schritt ins Luthertum begünstigte, zcigen mehrere Beispiele auch aus der Grafschaft Mark. Pastor Heinrich von Steinen aus Frömern, der Ururgroßvater des mehrfach zitierten Westfälischen Althistorikers, suchte Melanchthon im April 1543 in Köln auf, um mit ihm den Übertritt zum Luthertum zu erörtern; er vollzog diesen Schritt mit seiner Gemeinde am ersten Adventssonntag 1545.[73] In Herdecke begann 1543 der altgläubige Stiftspfarrer Dietrich Rafflenbeul, gen. Nicolai, der Vater des Kirchenlieddichters Philipp Nicolai, Stift und Pfarrei zu reformieren.[74] Der Pfarrer von Wengern, Hildebrand Schluck, trat am 29. April 1543, dem Sonntag Rogate, mit der ganzen Gemeinde zum Luthertum über.[75] Und Weihnachten 1543 wurden in der Sylvester-Kapelle des Adelssitzes Haus Weitmar im Amt Bochum deutsche Lieder und Psalmen gesungen und der Laienkelch gereicht.[76]

So liegt es nahe, dass die geschilderte „politische Großwetterlage" und die beispielhaften Vorgänge aus der Umgebung auch Johann Schmidt dazu gebracht haben, einen für sich selbst sicher längst erwogenen Schritt zum Luthertum auch öffentlich zu tun, vielleicht mit der erwähnten Eheschließung beginnend. In welcher Weise und in welchem Umfang er auch schon seine Gemeinde auf den Weg in die Reformation mitgenommen hat, ist nicht überliefert, auch nicht, ob der Übergang in Form eines öffentlichen Bekenntnisaktes an einem bestimmten Tag wie in Frömern oder Wengern stattfand. Die häufigere und wahrscheinlich auch auf Langendreer zutreffende war ein längerer Überleitungsprozess.

Von deutschen Liedern zu deutschen Gebeten und Schriftlesungen, schließlich zu Luthers Deutschen Messe, die noch Mitte des 16. Jahrhunderts zu einem großen Teil dem Ablauf der vorherigen lateinischen Messe entsprach, auch immer noch in den früheren farbigen Gewändern gefeiert wurde, ist die sukzessive Einführung reformatorischer Elemente von der einfachen Landbevölkerung kaum als spektakulärer Umbruch empfunden worden.[77] Der schlichte Bauer auf dem platten Land, der sich in den aus seiner Sicht komplizierten theologischen und liturgischen Dingen nicht auskannte, aber seinem Dorfpastor vertraute, dürfte den Veränderungen nicht die grundlegende Bedeutung einer persönlichen Gewissensentscheidung beigemessen haben[78], zumal sich die gesamte Gemeinde ebenso verhielt.

Manches von den traditionellen Gebräuchen und Übungen, das reformatorischem Verständnis nicht entsprach, ist aus dem religiösen Leben der lutherischen Gemeinschaften auch erst nach und nach verschwunden. Etwa der Heiligenkult: Von den beiden Glocken im Turm der Langendreerer Christuskirche, die Johann Schmidt angeschafft hat, trägt die eine den Namen des hl. Urbanus, die andere den des hl. Johannes. Mindestens bei der Anschaffung der Johannes-Glocke im Jahre 1551 ist Johann Schmidt schon Lutheraner gewesen. Und noch 1667 erklärte der alte Schulte Steinberg bei der Langendreerer Zeugenbefragung, dass der Pastor Hermann Schmidt, also der Enkel des Reformators, um 1607 sein „erster Beichtvatter gewesen" sei.[79] Dass Hermann Schmidt um diese Zeit auch noch in Harpen Beichte hörte, haben dortige Zeugenbefragungen ergeben, auf die noch zurückzukommen ist. Zu dieser Zeit lag Luthers Thesenveröffentlichung bereits 90 Jahre zurück.

Dass die Einführung der Reformation in Langendreer kein abrupter Umbruch, sondern ein sich langsam vollziehender Prozess war, wurde wohl auch von Johann Dietrich von Steinen so gesehen, denn seinen Worten zufolge hat Johann Schmidt die Reformation hier „angefangen", aber erst sein Sohn und Nachfolger Gerhard Schmidt sie endgültig „zustande gebracht"[80], also abgeschlossen. Dass dies dem Gerhard Schmidt in vollem Umfange gelang, haben am 25. April 1664 der nunmehr in Langendreer amtierende Pastor Georg Brockhaus und die beiden Kirchräte Jörgen Schulte Overbeck und Johann Ruhe an die Regierung berichtet, um von katholischer Seite erhobene Ansprüche auf die Langendreerer Dorfkirche abzuwehren. Sie führten aus, anno 1609 sei „Gerdt Schmiedt Pastor zu Langendrier" gewesen. Er habe „1. gelebet in conjugio, 2. sacram coenam sub utraque specie distribuiret, 3. lutherische Psalmen und Gesänge singen laßen und sich zu der evangelisch-lutherischen Religion bekandt."[81]

Als damit die katholischen Ansprüche noch nicht vom Tisch waren, kam es drei Jahre später zu der bereits erwähnten Zeugenbefragung. Am Montag, dem 28. März 1667, nachmittags um vier Uhr, erschien der kaiserliche Notar Philippus Bethack aus Dortmund in der Kirche von Langendreer, um vor dem Altar im Beisein des Pastors Brockhaus und der beiden Kirchräte drei betagte Gemeindemitglieder eidesstattlich zur örtlich-kirchlichen Situation im Jahr 1609 zu befragen. Benannt waren der 72-jährige Schulte zum Steinberg von dem gleichnamigen Hof in Düren sowie der 65- oder 66-jährige Hermann Oberschulte, (sein genaues Alter wusste er nicht), vom gleichnamigen Hof im Langendreerer Oberdorf und der 65-jährige Theil Gräuen, genannt Pieper, vom Pieperhof in Werne.[82]

Dass der Pastor Gerhard Schmidt das Abendmahl in beiderlei Gestalt verteilt habe, erinnerte sich Hermann Oberschulte und auch, dass er bei Gerd Schmidt „den Catechismum Lutheri gelehrnet" habe. Alle drei Befragten bekräftigten ferner, dass Gerd Schmidt „im Ehestandt gelebet" habe. Sie erinnerten sich, dass er in seinen letzten Jahren im Stuhl vor den Altar getragen wurde und von dort, in einem Sessel sitzend, gepredigt habe.

Dem Hermann Schmidt, Sohn des 1611 verstorbenen Gerhard[83] und Enkel des ersten Reformators Johann, attestierten die Zeugen Priesterehe, (er hatte 1630 drei Kinder[84]), Laienkelch und deutsche Lieder. Der Oberschulte erzählte auch, dass Gerhard Schmidt außer seinem geistlichen Nachfolger Hermann noch zwei weitere Söhne hatte, Reinoldt und Polt, von denen der 95-jährige Polt noch in Langendreer lebe.[85] Dass Reinoldt in Werne wohnte, ergibt sich aus der dortigen Zeugenbefragung drei Jahre zuvor, an der er teilgenommen und dabei sein Alter mit „über 90 Jahren" angegeben hatte.[86] Den Pastor Hermann Schmidt bezeichnete er mehrfach ausdrücklich als seinen Bruder. Da die beiden Brüder des Hermann Schmidt ihren Altersangaben zufolge 1572 bzw. 1574/75 geboren waren, liegt das Geburtsdatum des vermutlich älteren Hermann (er starb jedenfalls als erster der drei) wohl um den Beginn der 1570er Jahre.

2.2. Hermann Schmidt – Reformator in Lütgendortmund, Prediger in Harpen und Werne

Als Hermann Schmidt 1611 Pastor in Langendreer wurde, war die Reformation hier, von seinem Großvater begonnen und seinem Vater vollendet, längst abgeschlossen. Dagegen hatte sich der alte Glaube an der Pfarrkirche in Lütgendortmund, zu der die Langendreerer Kapelle als Filialkirche gehörte, bis zum Ende des 16. Jahrhunderts gehalten. Hier war noch der 1599 verstorbene Pfarrer Evert (Eberhard) von Delwig, der vom gleichnamigen Adelssitz Haus Delwig bei Lütgendortmund stammte, bis zu seinem Tod konsequent katholisch geblieben. Das galt ebenso für seinen Nachfolger Jobst von Wittenhorst.[87]

Der berief allerdings den jungen Hermann Schmidt aus Langendreer zu seinem „substitutus Pastor oder Capellan".[88] Dass er an die Pfarrkirche einen konsequent lutherischen Stellvertreter holte, dessen Vater und Großvater bereits engagierte geistliche Reformatoren waren, scheint niemanden gestört zu haben. Schon Hermann Schmidts Vater Gerhard muss, obwohl Sohn des ersten Langendreerer Reformators und Anhänger Luthers, vom katholischen Lütgendortmunder Pfarrer in Langendreer investiert worden sein, denn die Investitur des Geistlichen einer pfarrlich unselbständigen Kapelle oblag in der Regel dem Pfarrer der Pfarrkirche, zu der sie gehörte.[89] Hermann Schmidt hat nun konsequent das Luthertum an der Pfarrkirche in Lütgendortmund eingeführt. Das geht insbesondere aus einem Bericht hervor, mit dem Ritterbürtige, Kirchräte und Gemeindemitglieder von Lütgendortmund dem Bochumer Drosten am 23. Mai 1664 die Entwicklung der Reformation in ihrem Ort schilderten.[90] Der Droste hatte diesen Bericht aufgrund einer anonymen Druckschrift angefordert, in der behauptet wurde, dass Lütgendortmund bis 1628 katholisch gewesen sei.

Die Lütgendortmunder, die 1664 zu belegen hatten, dass ihre Gemeinde schon 1609 und vorher lutherisch war, legten dar, dass Hermann Schmidt der Gemeinde „das hl. Abendmahl nach ohnveränderter augsb. Confession unter beyden Gestalten außgetheilet, offentlich in der Kirchen auff dem Chor, wie bräuchlich und sonsten die evangelische-luterische Lehr gelehret wie sein Vatter alß Pastor zu Langendreer."[91] Ihrem Schreiben fügten sie das Protokoll einer von Pastor und Kirchräten zu Lütgendortmund veranlassten Zeugenbefragung durch den Dortmunder Kaiserlichen Notar Philip Bethak bei[92], der auch die bereits beschriebene Langendreerer Zeugenvernehmung vorgenommen hat. Die Befragten bestätigten für die Lütgendortmunder Zeit des Hermann Schmidt, dass er das Abendmahl unter beiden Gestalten öffentlich in der Kirche ausgeteilt habe; der Küster habe damals in die Kirche gerufen, wer unter beiden Gestalten kommunizieren wolle, solle aufs Chor vor den Hochaltar treten, worauf die meisten Anwesenden dem Aufruf gefolgt wären.[93] Von wenigen Ausnahmen abgesehen sei die Gemeinde „derzeit der lutherischen Religion zugethan" gewesen.

Pfarrer Jobst von Wittenhorst, dessen „Substitutus-Pastor" (Stellvertreter) Hermann Schmidt war, starb 1605 und sein Nachfolger Jan (Johann) von Wullem erhielt noch Ende desselben Jahres das Amt des

Pfarrers[94], das er 1606 oder 1607 antrat.[95] Von Wullem war wie sein Vorgänger katholisch und verweigerte der Gemeinde den von Hermann Schmidt eingeführten Laienkelch zunächst, worauf – so der schon erwähnte Bericht an den Drosten – die Leute die Kirche verlassen hätten und in der folgenden Zeit nachbarliche Gemeinden aufsuchten.[96] Doch schließlich lenkte er ein und verteilte die Eucharistie unter beiden Gestalten. Im September 1607 heiratete er, und der vorherige „Capellan" Hermann Schmidt traute das Paar.[97]

Doch in vollem Umfange scheint Jan von Wullem den lutherischen Vorstellungen seiner Gemeinde noch nicht entsprochen zu haben, ließ er doch neben deutschen Liedern immer noch lateinische Gesänge zu[98], und mancher Darstellung zufolge ist er erst 1609 nach Intervention von höchster Stelle uneingeschränkt lutherisch geworden. Dieses Ereignis soll am 15. Juni 1609 stattgefunden haben. Als die beiden neuen Landesfürsten auf der Rückreise von Dortmund nach Düsseldorf auf dem Hellweg durch Lütgendortmund kamen, hätten sie, so heißt es in dem bereits erwähnten Bericht an den Drosten, „Herrn von Wüllen zu sich gefördert (: ohn Zweiffel auff der Gemein unterthönigstes Ansuchen:) und ihme anbefohlen, forthin nicht Fabeln, sondern das reine Wort Gottes zu predigen." Schon am folgenden Sonntag sei er dem „fleißig nachkommen und offentlich fur der gantzen Gemein seinen bißher gehabten Irrthum erkandt und beklaget".[99] Dass sich dies in allen Details so abgespielt hat, darf allerdings bezweifelt werden, denn die Aussage des Zeugen Willem Schulte zu Rae bei der Vernehmung durch den Notar Bethak bestätigt zwar die fürstliche Intervention, aber in einer weniger drastischen Form: Von Wullem sei aufgefordert worden, am nächsten Sonntag das Lied „Erhalt uns Herr bey deinem Wort" zu singen.[100]

Dass der Pfarrer konsequenter Lutheraner geworden ist, bestätigt auf ihre Weise die bereits für Bochum erwähnte Apostolische Visitation des Jahres 1611, die auch in Lütgendortmund stattfand. Hier wurde notiert, der Pastor sei vom Glauben abgefallen; Gemeindemitglieder bemühten sich, dass er abgelöst werde, falls er nicht wieder zu Verstand komme.[101] Im folgenden Jahr 1612 gehörte Jan von Wullem zu den Unterzeichnern des Glaubensbekenntnisses im Bekenntnisbuch der märkischen Synode Unna.[102]

Hermann Schmidts Tätigkeit als von Wittenhorsts Stellvertreter in Lütgendortmund ging mit dessen Tod und dem Pfarrerwechsel auf von Wullem 1606/07 zu Ende.[103] Als er Lütgendortmund verließ, war „die meiste von der Gemein, sowohl Adeliche alß Unadeliche, öffentlich der evangelischen-lutherischen Religion zugethan", heißt es in dem Bericht, mit dem die Lütgendortmunder 1664 die Ergebnisse ihres Zeugenverhörs zusammenfassten.[104]

Von Steinen lässt Hermann Schmidt gleich nach dem Ende seiner Lütgendortmunder Zeit Pastor in Langendreer und Nachfolger des verstorbenen Vaters werden. Doch Gerhard Schmidt ist, wie bereits dargelegt, erst 1611 gestorben und Herrmann nun erst sein Nachfolger geworden, jedenfalls offiziell.[105] Vielleicht hat er auch schon nach seinem Weggang aus Lütgendortmund seinen körperlich hinfälligen Vater teilweise vertreten und ist dies ein weiterer Grund dafür gewesen, dass ihn manche Quellen bereits 1607 als Pastor von Langendreer sehen.[106]

In der Zeit zwischen seinen Ämtern in Lütgendortmund und Langendreer gibt es aber auch Hinweise auf Aktivitäten des Hermann Schmidt in Harpen und Werne. Im Jahre 1607 ist der Harpener Pfarrer Jobst Honscheidt verstorben und 1608 trat Henrich Köpper seine Nachfolge an[107], jener Köpper, der bereits als Bochumer Vikar der Zeit um 1609 erwähnt wurde. Herrmann Schmidt dürfte die Interimszeit zwischen dem Pfarrerwechsel in Harpen ausgefüllt haben. Jedenfalls erklärten drei dortige Zeugen in der Befragung vom 10. Mai 1664, dass er „vor Koppers Zeiten" in Harpen gepredigt habe und zwei der drei, sie hätten noch bei ihm gebeichtet[108]

Doch reformieren wie in Lütgendortmund musste Hermann Schmidt in Harpen nicht mehr. Im Jahre 1647 gaben die Kirchräte, Provisoren und Vorsteher sowie zahlreiche Mitglieder der Gemeinde dem Notar Johan Brabeck zu Protokoll, „daß weilandt Herr Hendericus Stoht biß ins Jahr 1576, vorthan Herr Jobst Hoenscheidt biß ins Jahr 1607 pastores ihn Harpen gewesen, diese ihn Ehestandt gelebt undt Kinder gezeuget undt beide jederzeit biß ihn ihren Sterbtage sich zu der unverenderten auspurgischen confession bekennet." Sie hätten das Abendmahl unter beiden Gestalten verteilt, Luthers Katechismus in Kirche und Schule öffentlich gelehrt sowie Luthers Psalmen und Gesänge in den Gottesdiensten und auch bei Beerdigungen singen lassen.[109]

Nun dürften sich die drei Dutzend Angehörigen des Kirchspiels aus Kirchharpen, Kornharpen, Gerthe und Cöppencastrop, die dies dem Notar unterschrieben, noch an das Wirken des vierzig Jahre zuvor verstorbenen Jobst Honscheidt erinnert haben, doch dass ihnen dies gleichermaßen für die weitere 30 Jahre zurückliegende Amtszeit des Henricus Stodt (Heinrich Stoedt) noch möglich war, ist bei Berücksichtigung ihrer Kinderjahre wenig wahrscheinlich. Heinrich Stoedt ist zwar nicht 1576, sondern erst 1580 an der Pest verstorben, hat auch nachweislich im Harpener Pfarrhaus mit einer Frau zusammengelebt und mehrere Kinder großgezogen, blieb aber dennoch einer jüngst veröffentlichten Forschungsarbeit zufolge bis an sein Lebensende katholisch.[110] Daher wird man die Verdichtung reformatorischer Tendenzen in Harpen wohl erst seinem Nachfolger Honscheidt zurechnen können. Von den Zeitzeugen, die im Mai 1664 in einer Befragung das lutherische Bekenntnis ihrer Gemeinde Harpen bestätigten, so lange sie zurückdenken könnten[111], dürften zumindest die drei 70-Jährigen unter ihnen noch die letzten Lebensjahre des Jobst Honscheidt in Erinnerung gehabt haben.

Dass Harpen in der Zeit des diesem nachfolgenden Henrich Köpper evangelisch war, haben alle Zeugen bestätigt und auch nach ihrem Lebensalter bestätigen können. Festgestellt wurde dies bereits in dem Bericht der im Jahre 1611 auch in Harpen stattgefundenen Apostolischen Visitation; in ihm heißt es, der dortige Pastor und alle seine Gemeindemitglieder wären „Häretiker", nur noch eine Familie lebe katholisch.[112] Henrich Köpper, auf dessen frühere Bochumer und eventuelle Ümminger Zeit noch zurückzukommen ist, hatte schon als Vikar in Bochum das Abendmahl unter beiden Gestalten ausgeteilt[113], auch bereits Frau und Kinder.[114]

Zur Aufgabe seines Harpener Vorgängers Jobst Honscheidt gehörte auch die Betreuung der kleinen Kapelle in Werne. Sie ist – vermutlich in der 2. Hälfte des 16. Jahrhunderts – von den Werner Bauern errichtet worden und wurde auch von ihnen vergeben. Obwohl Werne wie Langendreer Teil der Pfarrgemeinde Lütgendortmund war, hatte der Harpener Pfarrer „die Capelle zu Werne bedienet"[115], und die Harpener reklamierten in ihrer notariellen Feststellung von 1647 „die unverenderte außpurgische lutherischer Religion" ausdrücklich auch für Werne.[116]

Mit dem wahrscheinlich parallel zu Harpen eingeführten Bekenntnis zum Luthertum befand sich Werne bis 1599 im ausdrücklichen aber vergeblichen Gegensatz zum zuständigen Lütgendortmunder Pfarrer Evert von Delwig. Der Bauer Rotger Nolle aus Werne erinnerte sich später daran, dass von Delwig die Gemeinde in Werne zwar „zu der catholischen Religion treiben wollen, aber die Leuthe dazu (hätte) nicht zwingen können".[117]

In der Harpener Interimszeit zwischen Honscheidt und Köpper hat Hermann Schmidt auch in Werne gewirkt.[118] Dabei konnte er sich wohl die Stelle auf Dauer sichern, obwohl sich auch Henrich Köpper anfangs noch darum bemühte.[119] Schmidt behielt sie weiterhin, als er 1611 die Nachfolge seines Vaters als Pastor in Langendreer antrat. Bis an sein Lebensende betreute er Werne mit. Im Oktober 1612 war er Teilnehmer der märkischen Synode in Unna, wo er das Glaubensbekenntnis mit „Fabricius", also in der latinisierten Form seines Namens, unterschrieben hat.[120] Von der Gegenreformation in den 1620er Jahren war in Langendreer nichts zu spüren, umso mehr jedoch von den schweren finanziellen Lasten der Bauerschaft in den ersten Jahrzehnten des Dreißigjährigen Krieges. Hermann Schmidt hat als wahrscheinlich einziger Schreibkundiger des Dorfes die Formulierung und Niederschrift jener Schuldverschreibungen übernommen, mit denen die Bauerschaft einen Teil der ihr auferlegten Kriegslasten finanzierte.[121] Am 19. Dezember 1637 ist er gestorben.

2.3. Dietrich Schluck, Arnold Tack und andere in Ümmingen

Von der Einführung reformatorischer Ideen in Ümmingen ist aus dem 16. Jahrhundert nichts überliefert. Erst am Jahrhundertende taucht im Zusammenhang mit Ümmingen der Name des späteren Harpener Pfarrers Henrich Köpper auf. Wie Wolfgang Werbeck in seiner Gemeindegeschichte von Ümmingen festgehalten hat, wird Henrich Köpper in einem alten Ümminger Dokumentenbuch zu einem leider nicht fixierten Zeitpunkt als „jetziger Rector der Capellen" genannt.[122]

Köpper hatte 1590 die Bochumer Michaelsvikarie erhalten und zugleich auch die nicht weiter präzisierte Funktion eines „Rektors" übernommen, wie es in damaligen Bochumer Aufzeichnungen heißt. Darpe vermutete das Amt an der Lateinschule[123], doch es könnte ebenso das eines geistlichen Rektors an der Tochterkirche in Ümmingen gemeint gewesen sein, denn die Geistlichen an den Filialkirchen wurden Rektoren genannt.

Eine konkrete Verbindung zu Ümmingen ergibt sich durch Köppers Frau. Der Pfarrer Henrich Köpper habe, so wussten die Harpener bei ihrer notariellen Zeugenbefragung 1664, „seine Fraw Margrethen Kalthoff zu Umming zur Ehe gehabt". Aus dieser Ehe sei neben drei Töchtern der noch in Harpen amtierende Küster Henrich Kopper hervorgegangen. Der war dann auch selbst befragter Zeuge und sagte, er sei ungefähr 64 Jahre alt, seit 41 Jahren Küster zu Harpen und der Sohn des Henrich Kopper und der Margreta Kalthoff von Ümming.[124] Da der Pfarrerssohn und Küster Henrich Kopper seiner Altersangabe zufolge im Jahre 1600 geboren wurde, lässt sich das Verhältnis seines Vaters mit der Margareta Kalthof zu Ümmingen auf das Ende des 16. Jahrhunderts datieren. Der Kalthof war ein Einzelhof zwischen den Dörfern Langendreer und Ümmingen[125] und Nachbar des Schulte Uemmingen. Wenn der junge Vikar Henrich Köpper zugleich geistlicher Rektor in Ümmingen war, könnte er sie mag sie im Rahmen seiner dortigen Tätigkeit kennengelernt haben.[126] Doch von seinem vermutlichen Wirken in Ümmingen ist nichts überliefert.

Der erste Geistliche in Ümmingen, von dem definitiv bekannt ist, dass er Lutheraner wurde, war Dietrich Möller, der hier spätestens 1606 wirkte[127] und mit einer Tochter des Schulte zu Oven in Stiepel verheiratet war. Nach Darpe trat er 1609 „offen zum evangelischen Bekenntnisse über".[128] In einem 1664 verfassten Bericht der Adelsherren Henrich van Vaerst auf Haus Heven und Jobst Christoffer van der Leithen auf Haus Laer, (beides in der Ümminger Gemeinde gelegene Adelssitze), heißt es rückblickend zu Dietrich Möller, er habe „1. gelebet in conjugio, 2. sub utraque specie coenam distribuiret[129], 3. lutherische Gesänge singen laßen, 4. seine Predigten auß dem Spangenberg, gehalten und sich zu der evangelisch-lutherischen Religion bekandt." Der Langendreerer Pastor Hermann Schmidt habe ihm vor seinem Tode im Jahre 1616 das hl. Abendmahl gereicht und für ihn dann auch die „Leichenpredigt" gehalten.[130]

Möllers Nachfolger wurde jener Dietrich Schluck, den die Stadt Bochum im Oktober 1612 zum Rektor der Schule ernannt hatte.[131] Er war zwei Jahre danach in Wattenscheid Prediger der dort gerade gegründeten lutherischen Gemeinde geworden und zwei weitere Jahre später nach Ümmingen gewechselt. Hier hat er konsequent nach dem lutherischen Katechismus gearbeitet[132], war aber in seiner persönlichen Lebensführung nicht unumstritten. Während ihn später die beiden schon zitierten Adelsherren der Gemeinde als „aufrichtig lutherisch-evangelischer gewesener Prediger" bezeichneten[133], klagte Jobst von der Leithen aus der vorausgegangenen Generation im Januar 1623 bei dem Grafen von Limburg, der die Ümminger Stelle vergab, der Pastor schwäche die junge Gemeinde, weil er sich „mit öffentlicher Hurerey beschmutzet".[134]

Im Sommer 1623 raffte eine in Stadt und Amt Bochum grassierende Pest-Epidemie auch Dietrich Schluck dahin.[135] Trotz seiner wenigen Jahre in Ümmingen ist er für die regionale Reformationsgeschichte dadurch von einiger Bedeutung, dass er nicht lange vor seinem Tod den Ümminger Kirchhof als Begräbnisstätte geöffnet hat. Mit rund 70 Grabsteinen zählt er heute zu den wenigen erhaltenen Kirchhöfen der Barockzeit in Westfalen.[136] Bis zum Anfang des 17. Jahrhunderts waren die Toten des Kirchspiels auf dem Kirchhof der Pfarrkirche in Bochum bestattet worden. Dass Schluck dies spätestens Anfang 1623 erkennbar änderte, denn der älteste Grabstein wurde für eine im April 1623 Verstorbene gesetzt, war auch ein Akt der Emanzipation der Ümminger Filialgemeinde von der Pfarrkirche in Bochum, in der seit dem Vorjahr die strenge Re-Katholisierung im Zuge der in der Grafschaft Mark durchgeführten „Gegenreformation" stattfand.

Die sollte infolge der mit dem Tod des Dietrich Schluck im Sommer 1623 erforderlichen Neubesetzung seiner Stelle auch Ümmingen erreichen. Der im Zusammenhang mit den Geschehnissen in der lutherischen Gemeinde von Bochum bereits erwähnte Richter Matthias Daniels setzte ohne Rücksicht auf die bereits vollzogene Bestellung eines lutherischen Nachfolgers jenen katholischen Priester Arnold Tacke aus Castrop ein, der bereits um 1609 einige Jahre Vikar in Bochum gewesen war und dazu mit seinen Aussagen zur Zeugenbefragung des Drosten im Jahre 1642 zitiert wurde. Seine Einsetzung durch Daniels in Ümmingen verwundert insofern, als Tacke von dem in Castrop tätigen Richter derselben politischen Ausrichtung ausgewiesen worden war; der habe ihn „mit Weib und Kind, gleichsam (als) were er ein Heydt und Türck gewesen", aus Pastorat und Stellung verstoßen, klagte er später.[137]

Die Einsetzung des Arnold Tacke im Ümmingen erfolgte gegen den Willen der dortigen Gemeinde, die sich späteren Zeugenberichten zufolge „stark widersetzt" hat. Der Küster habe die Kirche vor dem neuen Pfarrer verschlossen gehalten, bis der Bochumer Richter ihn verhaften und in Eisen schließen ließ.[138] Arndt Tacke trat zwar als Exponent der Gegenreformation auf, gab sich aber flexibel. In einem der späteren Berichte heißt es, er habe „auf beiden Schultern getragen", es also sowohl der lutherischen Gemeinde als auch dem gegenreformatorischen Richter in Bochum rechtmachen wollen. Selbst dass er, wie schon früher an der Bochumer Pfarrkirche, die Eucharistie unter beiden Gestalten verteilte und deutsche Lieder singen ließ, kam in Ümmingen nicht gut an. Die dortigen Bauern hielten das in seinem Fall für Heuchelei und bezeichneten ihn deshalb als „wendigen Wetterhahn". Als die Zeit der regionalen Gegenreformation um 1630/31 endete, ist er „wegen seiner Heuchelei wieder vertrieben worden".[139] Später hat er sich den Evangelisch-Reformierten angeschlossen.[140]

Anmerkungen

[1] Michael Basse, Protestantismus im Ruhrgebiet. Von der Reformationszeit bis zur Rheinisch-Westfälischen Kirchenordnung 1835, in: Johannes Schilling/Martin Grimm (Hg.), Orte der Reformation / Region Ruhr, Leipzig 2016, S 17

[2] So schreibt Werner Freitag (Die Reformation in Westfalen, Münster 2016, S.210), in Bochum seien „ca. 1570" die Spendung der Kommunion unter beiden Gestalten erfolgt und deutsche Lieder gesungen worden. Er bezieht sich damit auf Oliver Becher (Herrschaft und autonome Konfessionalisierung, Essen 2006, S. 114), nach dem es „seit ca. 1570" liturgische Praktiken mit lutherischen Elementen gegeben haben soll. Seine Quelle ist Alois Schröer (Die Reformation in Westfalen, Bd. 1, Münster 1979, S. 254), der „um 1570" die Reformation in Bochum angekommen sieht. Dessen Quelle ist das Städtebuch Westfalen (Deutsches Städtebuch, Hg. E.

Keyser, III/2. Westfalen, Stuttgart 1956), das in den Literaturangaben Ernst Poensgen (Aus der Geschichte der evangelischen Gemeinde Bochum, Bochum 1924) nennt. Dort kommt das Jahr 1570 nicht vor. Es taucht allerdings schon bei Ewald Dresbach (Reformationsgeschichte der Grafschaft Mark, Gütersloh 1909, S.344) auf, wonach Johann Bömken mit seinen Vikaren Ad. Abeli und Dietr. Schluck „um 1570 die Reformation begonnen" habe, doch Abeli kam erst 1594 und Schluck erst 1612 nach Bochum. Dresbach bezog sich auf Bädecker/Heppe (Geschichte der evangelischen Gemeinden der Grafschaft Mark..., Iserlohn 1870, S. 315 ff.), nach denen „Johann Bömken, welcher im Jahr 1569 Vicekurat war", zusammen mit seinem Vikar Abeli die Einführung „angeregt" habe. Bädecker/Heppe nennen zwar ihre Quelle nicht, ein Textvergleich lässt aber erkennen, dass dies Johann Dietrich von Steinens Westfälische Geschichte war.

[3] Johann Diederich von Steinen, Westphälische Geschichte mit vielen Kupfern, Theil 3, 16. Stück, Historie von der Stadt und Amt Bockum, Lemgo/Lippe 1757

[4] Franz Darpe, Geschichte der Stadt Bochum, Bochum 1894, S. 162

[5] Becher (wie Anm. 2), S. 114, schreibt, dass Bömken „schon im Jahre 1557 als Inhaber der Frühmesseherrenstelle mit der Einführung der Reformation begonnen" habe und beruft sich auf Darpe, der dies keineswegs geschrieben.

[6] Jens Murken: Die evangelischen Gemeinden in Westfalen (Bd. 1), Schriften des Landeskirchlichen Archivs der Ev. Kirche von Westfalen, Bd.11, Bielefeld 2008, S.214 schreibt, mit der Reformation habe „seit 1572 der Pfarrer Johann Bömken den Anfang" gemacht.

[7] Darpe, S. 167 und 168

[8] Poensgen, S. 7

[9] Murken, S. 214

[10] Darpe, S. 156/157

[11] Darpe, S. 163 ff.

[12] So ist für Dresbach, S. 344, die Auseinandersetzung ein Beleg für die Reformation in Bochum

[13] Darpe, Urkunde Nr. 251

[14] Ebd.

[15] Darpe, S. 163

[16] Darpe, S. 164

[17] Die amtlichen Erkundigungen aus den Jahren 1664-67, Jahrbuch des Vereins für die Evangelische Kirchengeschichte Westfalens, 14. Jg. 1912, S. 205. Künftige Zitierweise aller in den Jahrbüchern 1911-1916 veröffentlichten Quellen dieser Art: Amtl. Erkundigungen (wie Anm.17)

[18] Ebd., S. 181 ff.

[19] Ebd., S. 181/182

[20] Ebd., S. 184-204

[21] Ebd., S. 195

[22] Darpe, Anmerkungen zur Urkunde Nr. 308, S. 207

[23] Darpe, S. 167, Anm. 2

[24] Amtl. Erkundigungen (wie Anm.17) 14.Jg. 1912, S. 203. S. hierzu den Beitrag von Ralf-Peter Fuchs in diesem Band.

[25] Ebd., S. 195

[26] Wolfgang Werbeck: Uemmingen. Geschichte einer untergegangenen Kirchengemeinde im Südosten Bochums, Bochum 1994, S. 213

[27] Ebd., S. 213

[28] Amtl. Erkundigungen (wie Anm.17), 14.Jg. 1912, S. 183 und S. 195

[29] Amtl. Erkundigungen (wie Anm.17), 14.Jg. 1912, S. 192

[30] Darpe, S. 165

[31] Darpe, Urkunde Nr. 282

[32] Wolfgang Reinhard: Dortmund, Essen und die Grafschaft Mark in einer Apostolischen Visitation des Jahres 1611, in: Beiträge zur Geschichte Dortmunds und der Grafschaft Mark, Band 70, Dortmund 1976, S. 379-385, hier S. 383

[33] Kurfürst Johann Sigismund von Brandenburg entsandte seinen Bruder und Pfalzgraf Ludwig von Neuburg seinen Sohn als Vertreter nach Düsseldorf

[34] Darpe, S. 219

[35] Darpe, Urkunde Nr. 280

[36] Darpe, Urkunde Nr. 281

[37] Darpe, S. 223

[38] Ebd.

[39] Bauks, Nr. 1392; Johannes Abresch: Zur Biographie des Bochumer Pastors Melchior Ebbinghaus, in: Der Märker, Jg. 39 (1990), S. 13-16, hier: S. 13; Werbeck, S. 213

[40] Darpe, S. 223

[41] D.H. Rothert: Kirchengeschichte der Grafschaft Mark, Gütersloh 1913, S. 376

[42] Bauks, Nr. 5447. Dietrich Schluck stammte aus Wengern, hatte sich 1610 in Helmstedt, wo es seit 1576 eine Universität „lutherischer Prägung" gab, immatrikulieren und am 24.9.1611 ordinieren lassen. (Werbeck, S. 213)

[43] Darpe, S. 223

[44] Darpe, Urkunde Nr. 282

[45] Darpe, S. 223 und 224

[46] Darpe, S. 224

[47] Z. B. Dresbach, S. 344, Poensgen, S. 8

[48] Amtl. Erkundigungen (wie Anm.17), 14. Jg. 1912, S. 205, Darpe S. 167

[49] Becher, S. 199/200

[50] Darpe, S.224, Anm.5

[51] E. Dösseler: Geistliche Sachen aus den Registern der Grafschaft Mark, in: Jahrbuch des Vereins für Ev. Kirchengeschichte Westfalens, 44. Jg. 1951, S. 27

[52] Darpe, S. 224

[53] Darpe, Urkunde Nr. 308

[54] Darpe, Urkunde Nr. 292

[55] Darpe, S. 230 einschl. Anm. 4 sowie Abresch, S. 13 ff.

[56] Amtl. Erkundigungen (wie Anm. 17), 14. Jg. 1912, S. 189

[57] Amtl. Erkundigungen (wie Anm. 17), 14. Jg. 1912, S. 183

[58] Johann Dietrich von Steinen: Historie von den Gerichten und Kirchspielen … Langentreer, Witten ..., in: Wesphälische Geschichte mit vielen Kupfern, Teil 3, Stück 17, Lemgo 1757, S. 604. Hinsichtlich des Todesjahres 1607 irrte von Steinen, denn Gerhard Schmidt starb, wie noch darzulegen ist, erst 1611

[59] Landesarchiv Münster, Dep. Archiv Haus Holzhausen, Urkunde Nr. 251

[60] Urkunde vom 16.5.1538 Ebd., Urk. 273

[61] Ernst Symann, Die Urkunden des Amtes Wanne 1361 – 1600, Wanne 1925, Urk. Nr. 123. Der dort angegebene Name Pith ist falsch übertragen, denn der Pastor hieß Rith und in anderen Quellen Ryth. Auch die Jahreszahl 1598 ist falsch, denn Rith/Ryth ist bereits 1556 verstorben. Der Rentenverkauf war daher 1538 oder 1548.

[62] Dokumentiert in: Emil Tetzlaff, Langendreer Heimatbuch, Langendreer 1923, S. 77

[63] Emil Tetzlaff, Evangelische Kirchengemeinde Langendreer, Langendreer o.J. (ca.1928), S. 18

[64] Zu den Entstehungszeiten der Glocken: A. Ludorff: Die Bau- und Kunstdenkmäler des Kreises Bochum-Land, Münster 1907, S. 42

[65] Beide im 3. Teil, 17. Stück seiner Westphälischen Geschichte, Lemgo/Lippe 1757

[66] Annal. Ref. Cliv. MS

[67] Die Anlage existiert noch heute an der Südseite der Ruhr

[68] Von Steinen, Kirchspiel Witten, S. 670/671

[69] Tetzlaff, Heimatbuch, S. 80

[70] Tetzlaff: Evangelische Kirchengemeinde, S.17

[71] Robert Stupperich: Der innere Gang der Reformation in der Grafschaft Mark, in: Jahrbuch für

die Evangelische Kirchengeschichte Westfalens 1954, 47. Jg. 1954, S. 36

[72] Schröer, S. 240

[73] Schröer, S. 250

[74] Ebd.

[75] A.H. Blesken, Geschichte der evangelischen Kirchengemeinde Wengern, Wengern 1943, S. 64/65

[76] Freitag, S. 236, Rothert, S. 283, Darpe, S. 162

[77] Der ev. Kirchenhistoriker Prof. Robert Stupperich weist noch für die beginnende zweite Hälfte des 16. Jahrhunderts darauf hin, „wie vieles aus dem alten Gottesdienst noch beibehalten war, wie viele lateinische Gesänge noch üblich waren." (Stupperich, S. 42)

[78] Schröer, S. 251

[79] Tetzlaff, Heimatbuch, S. 80

[80] Von Steinen, Langendreer, S.604

[81] Amtl. Erkundigungen (wie Anm.17), 16. Jg. 1914/15, S. 303

[82] Die Langendreerer Zeugenbefragung ist publiziert in: Tetzlaff: Heimatbuch, S. 79-82

[83] Nach von Steinen, (Langendreer, S. 604, Lütgendortmund, S. 300) ist Gerhard Schmidt 1607 gestorben, doch das dürfte eine irrige Schlussfolgerung vor allem aus der Feststellung gewesen sein, dass sein Sohn Hermann Lütgendortmund 1607 verlassen hat. Nach dem Bericht des Pastors und der Kirchräte von Langendreer vom v. 25.4.1664 war im Jahre 1609 noch Gerhard Schmidt Pastor in Langendreer und folgte ihm sein Sohn erst 1611. (Amtl. Erkundigungen wie Anm.17, 16. Jg., 1914/15, S. 303)

[84] Darpe, Urkunde Nr. 288

[85] Der Oberschulte sagte, Polt sei „fünff halb stiege Jahr alt", was nach Tetzlaff 95 Jahre sind, Tetzlaff, Heimatbuch, S. 82

[86] Amtl. Erkundigungen (wie Anm. 17) 18. Jg. 1916, S. 73

[87] Von Steinen: Vom Kirchspiel Lütgendortmund, in: Westphälische Geschichte, Teil 3, Stück 16 S. 299; Heike Vogel: Spurensuche. Ein Beitrag zur Geschichte Lütgendortmunds, Bochum 1994, S. 91

[88] Amtl. Erkundigungen (wie Anm. 17), 14. Jg. 1912, S. 221 und 15. Jg. 1913, S. 163

[89] Dösseler, S. 11

[90] Amtl. Erkundigungen (wie Anm.17), 15. Jg. 1913, S. 162 ff.

[91] Ebd., S. 163

[92] Amtl. Erkundigungen (wie Anm.17), 14. Jg., 1912, S. 220 ff.

[93] Wiedergabe des Zeugenverhörs in: Franz Darpe: Die Anfänge der Reformation in den Gemeinden der Grafschaft Mark, amtliche Berichte des 17. Jahrhunderts, in: Zeitschrift für vaterländische Geschichte und Alterthumskunde, 51. Bd. Münster 1893, S. 54/55

[94] Von Steinen, Kirchspiel Lütgendortmund, S. 300 sowie Anhang Nr. 1

[95] Amtl. Erkundigungen (wie Anm. 17), 15. Jg. 1913, S. 163

[96] Ebd.

[97] Von Steinen, Kirchspiel Lütgendortmund, Teil 3, Stück 16 S. 301

[98] Ebd., S. 300

[99] Amtl. Erkundigungen (wie Anm.17), 15. Jg. 1913, S. 163/164

[100] Amtl. Erkundigungen (wie Anm. 17), 14. Jg. 1912, S. 226/227. Diese Fassung der Episode hat später auch Johann Dietrich von Steinen in den Lütgendortmunder Teil seiner Westfälischen Geschichte übernommen.

[101] Reinhard, S. 383

[102] Rothert, S. 377

[103] Aus den Berichten von Steinens sowie aus der Aussage von Schmidts Bruder Reinoldt bei der Zeugenvernehmung in Werne ergibt sich, dass Hermann „vor" von Wullens Dienstantritt Kaplan in Lütgendortmund war. Amtl. Erkundigungen (wie Anm. 17), 18. Jg. 1916, S.73

[104] Amtl. Erkundigungen (wie Anm. 87), 17. Jg. 1912, S. 221

[105] Siehe Anm. 78

[106] Siehe Anm. 83

[107] Bauks, Nr. 3373

[108] Amtl. Erkundigungen (wie Anm.17), 16. Jg. 1914/15, S. 320

[109] Ebd., S. 315

[110] Dieter Scheler: Haushalt und Archiv eines Pfarrers: Das Inventar des Heinrich Stoedt von Harpen, in: Stefan Pätzold/Reimund Haas: Pro cura animarum. Mittelalterliche Pfarreien und Pfarrkirchen an Rhein und Ruhr, Siegburg 2016, S. 183-194

[111] Amtl. Erkundigungen (wie Anm.17), 16. Jg. 1914/15, S. 316-322.

[112] Reinhard, S. 384

[113] Amtl. Erkundigungen (wie Anm.17), 14 Jg. 1916, S. 188 und 198

[114] Siehe dazu den nachfolgenden Abschnitt Ümmingen

[115] Amtl. Erkundigungen (wie Anm.17), 18. Jg. 1916, S. 72

[116] Amtl. Erkundigungen (wie Anm.17), 16. Jg. 1914/15, S. 314

[117] Amtl. Erkundigungen (wie Anm.17), 18. Jg. 1916, S. 72

[118] Ebd., S. 72, 74

[119] Ebd., S. 73

[120] Rothert, S. 377

[121] Detaillierter dargestellt in: Clemens Kreuzer: Das Langendreerer Bauerschaftsbuch, in: Aus-stellungskatalog „Einhundertundsieben Sachen" des Bochumer Zentrums für Stadtgeschichte, Bochum 2017

[122] Werbeck, S. 44, S. 52

[123] Darpe, S.277 Anm. 3. Die Rektorenstelle an der Bochumer Lateinschule war ab 1594 mit Adolph Abeli besetzt (Darpe, S.196). Köpper konnte sich die Michaelsvikarie offenbar dauerhaft sichern, denn er bezog aus ihr noch als Harpener Pfarrer bis an sein Lebensende Einkünfte (Darpe S. 268 und Urkunde Nr. 310)

[124] Amtl. Erkundigungen (wie Anm.17), 16. Jg., 1914/15, S. 317-322

[125] Amtl. Erkundigungen (wie Anm.17), 14. Jg., 1916, S. 188 und 198

[126] Bei der Harpener Zeugenbefragung 1664 lautete die Protokollierung der Antwort seines Sohnes auf die Frage, ob der Vater verheiratet gewesen sei: „hette Herr Kopper zu Swellm Herrn Hen-richen Kopper und Margreta Kalthoffs von Umming copulirt, wie er Zeuge alß dehren Sohn davon ein Schein und testemonium gehabt". (Erkundigungen wie Anm.17, 16. Jg. 1914/15, S. 321) Der „Herr Kopper von Schwelm" war wohl ein dort lebender verwandter Pastor.

[127] Werbeck, S. 51 und S.213

[128] Darpe, S. 221

[129] Nach Ziff. 1 hat er in einer Ehe gelebt, nach Ziff. 2. die Eucharistie in Brot und Wein ausgeteilt. Der Spangenberg war ein lutherisches Predigtbuch.

[130] Amtl. Erkundigungen (wie Anm.17), 18. Jg. 1916, S. 64/65.

[131] Siehe Anm. 42

[132] Auskunft des Bauern Henrich Nölle in der Bochumer Befragung von 1642, Amtl. Erkundigungen (wie Anm.17), 14. Jg. 1912, S. 185

[133] Amtl. Erkundigungen (wie Anm.17), 18.Jg. 1916, S. 65 und S. 69

[134] Werbeck, S. 53

[135] Im Juli oder Anfang August, denn seinem in Aussicht genommenen Nachfolger wurde die va-kante Stelle schon am 5. August 1623 zugesagt.

[136] Saskia Schöfer: Denkmalgeschützt – instandgesetzt – vergessen? Der alte Kirchhof in Ümmin-gen, in: Denkmalpflege in Westfalen-Lippe, Ausgabe 1/17, S. 30-32

[137] Zitiert nach Werbeck, S. 214

[138] Werbeck, S. 53

[139] Werbeck, S. 54

[140] Amtl. Erkundigungen (wie Anm.17), 18. Jg. 1916, S. 95

Sey zwar catholisch, allein administrire das Sacrament in beider Gestalt. Zeugenbefragungen zu den Konfessionen in Bochum im Dreißigjährigen Krieg

Ralf-Peter Fuchs

1. Einleitung

Am 22. Dezember des Jahres 1641 erhielt Wennemar von Neuhoff, Drost des Amts Bochum, eine Weisung der kleve-märkischen Regierung. Er sollte Erkundigungen über die religiösen Verhältnisse in der Stadt Bochum einziehen und zu diesem Zweck eine kommissarische Zeugenbefragung durchführen. Ihm zur Seite gestellt wurde Hermann Montanus als Gerichtsschreiber, dessen Aufgabe darin bestand, die Aussagen sorgfältig zu protokollieren. Die Ergebnisse brachten zum Teil Erstaunliches hervor: Den Mitschriften der Verhöre, die vom September bis in den November 1642 abgehalten wurden, ist u.a. zu entnehmen, dass einer der Zeugen, der etwa 56 Jahre alte Pastor Arnoldus Tack (auch: Arndt Tack), auf die Frage, „Weß Religion er sey?" erklärt hatte: „Sey zwar catholisch, allein administrire das Sacrament in beider Gestalt und singe teutsche Psalmen, glaube an kein Fegfeuer."[1]

Was ist von einer solchen Aussage zu halten? In rechtlicher Hinsicht waren Zeugenverhöre in der Frühen Neuzeit den Urkunden im Hinblick auf ihre rechtliche Beweisführungskraft grundsätzlich gleichgestellt.[2] Entsprechender Maßen wurden sie in der Frühen Neuzeit sehr häufig abgehalten. Dennoch konnten sie bei Amtleuten bzw. obrigkeitlichen Kommissaren wie Wennemar von Neuhoff immer wieder für mancherlei Verwirrung sorgen. Denn nicht selten hörten diese Unerwartetes. Verweist nun diese Aussage auf ein Verständnis von Katholizismus, das, bereits im 16. Jahrhundert, zu Lebzeiten von Herzog Wilhelm V. von Jülich, Kleve und Berg als Landesherrn über die Grafschaft Mark, offiziell vertreten wurde und das die Kommunion *sub utraque specie* als rechtgläubig im Sinne der Papstkirche eingestuft hatte? Oder war Tack vielleicht eher lutherischen Glaubens und wollte den Begriff „katholisch" einfach für die evangelische Sache reklamieren? Seine Aussagen könnten sich dann als ein Spiel mit Begriffen deuten lassen, ein Spiel, dass mit eher ungewöhnlicher Verwendung Nachdenklichkeit und Unsicherheit erzeugen konnte. Schließlich wirken seine Erläuterungen im Hinblick auf die deutschen Gesänge und die Verwerfung der Lehre vom Fegefeuer alles andere als römisch-katholisch. Ganz allgemein kann man zur frühneuzeitlichen Quellengattung der Zeugenverhöre bemerken, dass sich nicht einmal selten eine Reflexion der Befragten über die Macht der Sprache erkennen lässt.

Ich möchte im folgenden einen genaueren Blick auf die Aussagen einfacher Leute aus der Zeit kurz vor und nach dem Ende des Dreißigjährigen Krieges werfen, die ihr Wissen über Konfessionen zu unterbreiten hatten. Diese Verhöre standen im Zusammenhang mit der Errichtung einer kirchlichen Ordnung, die nach Jahrzehnten kriegerischen Konflikts, den man in der Religion begründet sah, auf Normaljahren, beruhen sollte. Ein Normaljahr war eine aus Verhandlungen hervorgegangene Rechtsgrundlage zur Festlegung der Konfession in den verschiedenen Regionen des Alten Reiches.[3] Das zentrale Normaljahr des Westfälischen Friedens war 1624. Im allgemeinen bedeutete diese Festlegung, dass alles, was im Normaljahr 1624, katholisch gewesen war, nach 1648 katholisch bleiben bzw. wieder werden sollte. Umgekehrt sollten protestantische Ansprüche in gleicher Weise daraus ableitbar sein. Allerdings wurden in vielen Regionen, wie ich in meinen Forschungen auch zur Grafschaft Mark dargelegt habe, Ausnahmen gemacht und zum Teil alternative Normaljahre eingefordert.

In der Grafschaft Mark hatte man nun, wie schon bemerkt, bereits 1642 Befragungen zum Jahr 1609 durchgeführt, um dann 1664 bis 1667 weitere Untersuchungen anzustellen, die die Jahre 1612 und 1624 zusätzlich einbezogen. Hier sollen jedoch nicht politik- und rechtsgeschichtliche Fragen, sondern einige kommunikationsgeschichtliche Überlegungen zu jenen Zeugenbefragungen, die in mischkonfessionellen Territorien abgehalten wurden, um konkrete Auskünfte über die religiösen Verhältnisse zum Zeitpunkt verschiedener Normaljahre zu erlangen, im Mittelpunkt stehen.

Ich werde zunächst einige allgemeine Überlegungen zu den Eigenarten der Quelle der Zeugenverhöre anstellen.[5] Dabei werde ich kurz darstellen, unter welchen Bedingungen die Normaljahrsverhöre in Bochum stattfanden, um den vorgegebenen Kommunikationsrahmen dieser speziellen Befragungen zu beschreiben. Gelegentlich werde ich dabei zum Vergleich auf ähnliche Zeugenverhöre zurückgreifen, die 1648/49 im Fürstbistum Osnabrück durchgeführt wurden. Es soll gefragt werden, wie den Untertanen Wissen über die Konfession vermittelt worden war. Zudem werde ich anhand der Zeugenaussagen darauf eingehen, von welchem Erfolg die unterschiedlichen Anstrengungen von obrigkeitlicher Seite, eine entsprechende Gedächtnisproduktion zu betreiben, gekrönt waren. Damit lässt sich zugleich ein wichtiger Teilbereich frühneuzeitlicher Herrschaft als Kommunikationsfeld beleuchten, der, wie wir sehen werden, vor unabsehbaren Folgen nicht gefeit war.

2. Zeugen und ihre Wahrheiten

Als Zeuge aufzutreten, wenn man dazu berufen wurde, war eine Pflicht, die sowohl eine Bürde als auch eine Chance darstellen konnte: eine Bürde, wenn man in Gefahr geriet, über Dinge ausgefragt zu werden, die man lieber für sich behalten wollte, eine Chance, wenn man mit der eigenen Aussage vielleicht sogar etwas Nützliches für sich oder jenen Menschen, denen man sich zugehörig fühlte, tun konnte. Das Verhalten im Verhör – Reden oder Schweigen bzw. die Angabe von Unkenntnis, „Nichtwissen", – war zum Teil dadurch bedingt. Allerdings waren die Spielräume der Zeugen eingeschränkt durch gerichtliche Ermahnungen und nicht zuletzt den Zeugeneid. Im ordentlichen kommissarischen Verfahren wurden den Zeugen die Konsequenzen eines Meineids, vom Abhauen der Schwurfinger bis zur Höllenfahrt, durch eine Belehrung nahegebracht.[6] Nur Hartgesottene dürften dabei den Mut zur platten Lüge aufgebracht haben. Auch der eingangs erwähnte Zeuge Arnold Tack war vereidigt worden. Zuvor hatte eine „Avisation", eine Ermahnung von Angesicht zu Angesicht, stattgefunden. Auch ihm dürften dabei mit Nachdruck die geistlichen und weltlichen Konsequenzen der meineidlichen Falschaussage vor Augen geführt worden sein.

In den Normaljahrsverhören, die aus verschiedenen Gegenden des Reiches überliefert sind, wurde den Zeugen nicht immer der Eid abverlangt. Die für das Fürstbischof Osnabrück in den Jahren 1648/49 dokumentierten Befragungen waren durch die evangelischen Gemeinden im Territorium organisiert worden und nur in Einzelfällen hatte man eine Vereidigung vorgenommen. Bereits die Auswahl der Zeugen und die Formulierung der Fragen waren vom Wunsch geleitet worden, die Ergebnisse zu erzielen, die man brauchte. Andererseits wirkten auch Notare daran mit, die mit ihren Unterschriften verantwortlich zeichneten und bereits aus Berufsethos grundsätzlich daran interessiert waren, dass gewisse juristische Standards garantiert blieben. In Bochum waren es dagegen, wie erwähnt, ein obrigkeitlicher Amtsträger und ein Protokollant, die die Verhöre leiteten, nachdem die Zeugen vom Stadtboten geladen worden waren. Hier gilt insbesondere: Nicht nur durch das Verfahren selbst, das zu Gehorsam gegenüber der Obrigkeit gemahnte, sondern auch den geleisteten Eid, wurde die Verpflichtung zur Wahrheit deutlich gemacht.

Die Konsequenz der juristischen Ausformung der Verhöre war zumeist vorsichtiges Verhalten seitens der Zeugen. Sicherlich verspürten die meisten unter ihnen einen sozialen Druck, da es um die Interessen ihrer Gemeinden ging. Andererseits ergab sich aus der Situation die unbedingte Forderung, aufrichtig zu bleiben und das zu sagen, was man wusste. Zwei konkurrierende Erwartungshaltungen, eine, die an ihre Rolle als Zeugen appellierte, und eine zweite, die sich aus ihrer gesellschaftlichen Rolle ergab, führte die Befragten nicht selten geradewegs in ein Dilemma.

Wenn somit davon auszugehen ist, dass die Verhöre durch ein Spannungsfeld geprägt waren, dem unterschiedliche Erwartungshaltungen seitens der Initiatoren und seitens der juristischen Kontrollinstanzen zugrundelag, so stand dem ein grundsätzliches Ziel des Verfahrens gegenüber. Dieses bestand darin, das die Verhöre Eindeutigkeit zu erbringen hatten. Diese Eindeutigkeit sollte letztlich zur Entscheidung darüber führen, was Recht war. Zwei Fragen, die im Bochumer Verhör gestellt wurden, waren dabei zentral:

>„2. Ob nicht in selbigen und vorigen Jahren es in der Pfarkirchen zu Bochumb also observiert und gehalten worden, daß, so offt sich die Gemeinde zum Dische des Herrn begeben, allen und jeden Communicanten unter beider Gestalt dispensirt und ausgetheilet sey.
>3. Ob nicht dabey vielmahlß gesungen und gepracht sei der christlicher Gesangh also anfahend: ‚O Lamb Gotteß unschuldigh‘, und welche Gesänge sonsten in teutscher Sprache darunter gebraucht worden."[7]

Wie anhand des Beispiels des Arnold Tack bereits angedeutet, reagierten die Zeugen aus verschiedenen Motiven gelegentlich recht kreativ auf die Forderung nach Eindeutigkeit. Eine in Verhörprotokollen besonders häufig aufzufindende Strategie war der Verweis auf die Mehrdeutigkeit der Welt. Im Ringen um Spielräume stellte diese Mehrdeutigkeit ein Refugium dar, indem man sich auf sein „Nichtwissen" zurückziehen konnte. Denn dass die Welt, insbesondere auch die soziale Welt komplex sein konnte, konnte nicht einmal die Obrigkeit abstreiten. Dabei wurde immer wieder gerne auf die Unmöglichkeit, etwas genau zu wissen, hingewiesen. Der Bochumer Zeuge Gerdt Sonnenschein antwortete auf die zweite Frage: „Bei Zeiten Bömekens sey es also gehalten, vor der Zeit wiße nicht."[8]

Die Eindeutigkeitsforderung jener Personen, die im Verhör die Fragen stellten, basierte wiederum zumindest im Grundsatz auf deren Einschätzung, dass eine solche Eindeutigkeit den Zeugen einmal vermittelt worden war. Ihnen war dabei klar, dass das religiöse Wissen, um das es hier ging, auf Kommunikation basierte. Nicht das religiöse Erleben des Einzelnen war von Interesse, sondern die gemeinschaftlich erlebte Unterweisung und die daraus folgende Praxis in der Gemeinde. Darüber hinaus bestand eine Besonderheit der Normaljahrsbefragungen darin, dass die Zeugen darüber Auskunft zu geben hatten, wie sich Konfession im Krieg unter neuen herrschaftlichen Vorzeichen verändert hatte. Gerade das Bochumer Verhör zielten auf eine zeitliche Benennung von Veränderungen, so dass einmal mehr eine Reflexion darüber vorausgesetzt wurde, wie sich die Religion, zu der man sich bekannte, von einer anderen unterschied.

3. Erinnerungen an die Geschichte der Konfessionen in der Grafschaft Mark

Warum wurden die Befragungen nun überhaupt abgehalten? Die Hintergründe der Zeugenverhörprotokolle sind komplex und es nicht notwendig hier im Detail darauf einzugehen.[9] Die Bochumer Verhöre von 1642 entstammen einem Konvolut von Erhebungen, die, wie bereits kurz erwähnt, im Zuge von Aushandlungen zwischen Vertretern der beiden Fürstentümer Pfalz-Neuburg und Kurbrandenburg als Interessenparteien im jülich-klevischen Erbfolgestreit vorgenommen wurden, das bereits mehrfach in der landeskundlichen Forschung Verwendung gefunden hat.[11] Es handelt sich dabei um obrigkeitliche Flurbereinigungsversuche, die von den 1660er Jahren bis in die 1680er Jahre stattfanden.[11] Der Kurfürst von Brandenburg trat dabei als Patron der protestantischen Bevölkerung auf, während der Pfalzgraf von Neuburg versuchte, den Katholiken möglichst viele Gemeinden zu sichern.

Aber bereits in den 1630er und den 1640er Jahren waren, wie das Konvolut ebenso zeigt, in der Grafschaft Mark Informationen zu den kirchlichen Zuständen der Jahre 1609 und 1612 erhoben worden. Dabei war es um die Wiederherstellung der Verhältnisse gegangen, wie sie im Todesjahr des letzten jülich-klevischen Herzogs Johann Wilhelm bzw. in jenem Jahr geherrscht hatten, in dem eine erste lutherische Landessynode stattgefunden hatte, vorzubereiten. Die Bochumer Befragung von 1642, von der insgesamt 13 Zeugenaussagen dokumentiert sind, war ursprünglich von der dortigen katholischen Gemeinde initiiert worden und steht im Zusammenhang mit den Streitigkeiten der drei Konfessionsgemeinden Bochums, der lutherischen, der reformierten und der katholischen, über Nutzungsrechte an verschiedenen Vikarien.[12] Den Katholiken ging es dabei insbesondere um den Nachweis, dass sie seit 1609, seit der Einsetzung des Pfarrers Johan Bömeken, ihren Gottesdienst in der Pfarrkirche „auff alle Son- und heilige Thage, wie dan imgleichen durch die gantze Wochen an den Werktagen neben doemaligen Vicario"[13] abgehalten hatten.

Wer die Zeugen ausgewählt hat, wissen wir nicht definitiv, wenngleich es wahrscheinlich ist, dass die Katholiken als Initiatoren und damit Zeugenführer im Verfahren ihre Vorschläge unterbreitet hatten. Blicken wir auf die schriftlich niedergelegten Fragen, lässt sich wiederum feststellen, dass diese eher auf eine Bestätigung lutherischer Anrechte abzielten, indem z.b. suggestiv gefragt wurde: „Ob nicht bei wehrender Communion die evangelische-lutherische Gesänge [...] usurpiret worden und sein."[14] Derartige Formulierungen gingen wohl auf Wennemar von Neuhoff zurück,[15] von dem man immerhin als Kommissar erwartete, dass er nicht parteiisch agierte. Lassen wir einmal – auch wenn davon auszugehen sein ist, dass er Protestant war – beiseite, inwieweit er seine konfessionellen Präferenzen ins Spiel bringen wollte, so scheint er jedenfalls bestrebt gewesen zu sein, seinem reformierten Landesherrn zu verdeutlichen, dass er nicht Willens war, die katholischen Anliegen ohne genauere, sehr kritische Nachprüfung zu unterstützen.

Vor dem Normaljahr des Westfälischen Friedens 1624 hatte es im Bereich der jülich-klevischen Länder somit bereits andere zeitliche Festlegungen zur Bestimmung der konfessionellen Verhältnisse gegeben, die wir ebenfalls, mit Blick auf ihre Funktion, als „Normaljahre" bezeichnen können, wobei zu sagen ist, dass der Begriff „Normaljahr" den Zeitgenossen nicht bekannt war und erst im 18. Jahrhundert als „annus normalis" von Juristen in die politisch-rechtliche Sprache eingeführt wurde.[16] Im Jahre 1647 sollte es jedenfalls für die jülich-klevischen Länder zu ersten Kompromissen u.a. auf der Basis solcher „Normaljahre",[17] die Wolfgang Wilhelm von Pfalz-Neuburg mit Blick auf die Westfälischen Friedensverhandlungen, bei denen sich die Einigung auf das Normaljahr 1624 bereits deutlich abzeichnete, als vorläufig betrachten sollte. Eben dieses Normaljahr sollte von brandenburgischer Seite jedoch überhaupt nicht und später allenfalls eingeschränkt akzeptiert werden.[18]

Um genauer nachzuvollziehen, welche Informationen im Einzelnen seit dem Dreißigjährigen Krieg zusammengetragen wurden und wie diese zu bewerten sind, ist es zudem wichtig, kurz auf die religiösen Entwicklungen in den jülich-klevischen Ländern, zu denen eben auch Bochum gehörte, einzugehen. Anzusetzen ist hierbei bereits im 16. Jahrhundert.

Als Ausgangspunkt dieses Abrisses soll das Jahr 1539 genommen werden, das Jahr, in dem Herzog Wilhelm V. von Jülich, Berg und Kleve als entscheidender Gestalter der Religionspolitik im 16. Jahrhundert seine Regierung antrat. Zunächst fiel diesem auch das Herzogtum Geldern zu, das er allerdings in einem Krieg gegen Kaiser Karl V., der für sich das gleiche Territorium als Erbe beanspruchte, 1543 definitiv verlor. So verblieben diesem Fürsten noch die drei soeben genannten Herzogtümer Jülich, Kleve und Berg und die beiden Grafschaften Mark und Ravensberg wie auch die kleine Herrschaft Ravenstein und einige nicht unbedeutenden Vogteirechte, etwa in Aachen[19] und Essen. Mit dem Friedensvertrag von Venlo, den Herzog Wilhelm 1543 mit Kaiser Karl V. schloss, wurde ihm nun auferlegt, in seinen Ländern die katholische Religion zu bewahren und keine Neuerungen zuzulassen.[20]

Der für sich selbst das Abendmahl in beiderlei Gestalt präferierende Fürst ist hingegen bereits von Zeitgenossen stark in die Nähe des evangelischen Glaubens gerückt worden, trotz der Zusage von Venlo. Wilhelm gestattete, was in unserem Kontext sehr wichtig ist, nämlich auch seinen Untertanen den Empfang des Abendmahles *sub utraque specie* und seinen Predigern die Priesterehe.[21] In der religionsgeschichtlichen Forschung hat man ihn als Vertreter einer *via media*[22] gesehen, der auf der Autorität des Erasmus von Rotterdam aufbauend, über maßgebliche Berater am Hof, unter ihnen seinen Erzieher Konrad Heresbach, einen besonderen kirchenpolitischen Weg eingeschlagen hat. Wir haben allerdings zu betonen, dass dieser Fürst, trotz allen Interesses u.a. auch an der Confessio Augustana und den damit gesehenen Möglichkeiten, die Glaubenseinheit im Reich eventuell wieder herzustellen, dem Papsttum treu blieb und sich in den letzten Jahrzehnten seiner Herrschaft wieder stärker an Päpsten und katholischen Fürsten, was u.a. damit zusammenhängt, dass sich ihm die Chance bot, einen seiner Söhne, seinem späteren Nachfolger Johann Wilhelm, als aussichtsreichen Kandidaten im Hinblick auf die Landesherrschaft im Fürstbistum Münster zu positionieren.

Bereits die ältere Forschung hat die Herrschaftszeit von Herzog Wilhelm in diesen konfessionsgeschichtlichen Kontexten im Groben in zwei Phasen unterteilt. Ist die Zeit bis zur religionspolitischen Polarisierung im Reich, die u.a. in Verbindung mit dem niederländischen Unabhängigkeitskrieg seit 1568 zu bringen ist, als eine Phase der Offenheit gegenüber dem Protestantismus, zumindest aber als von „erasmisch-cassandrische[n] Reformideen"[23] bestimmt betrachtet worden, so ist seit etwa 1570, zuweilen auch bereits etwas früher, am Hofe eine „Reaction"[24] oder auch eine „größere Annäherung [...] an die römische Kirche"[25] beobachtet worden.

Dass nun ein sich als Katholik bezeichnender Geistlicher das Abendmahl in beiderlei Gestalt präferierte, wie Arnold Tack im Jahre 1642 zu Protokoll gab, könnte, wie bereits kurz angedeutet, durchaus noch auf das eigenwillige, aus der Sicht des päpstlichen Stuhles störrische, Verständnis von rechtgläubiger Katholizität des Herzogs Wilhelm V. zurückgehen. Wir haben allerdings festzuhalten, dass sich während seiner Regierungszeit, begünstigt durch seine Religionspolitik, gerade auch in der Grafschaft Mark, zu der Bochum gehörte, Gemeinden um Unterweisung durch dezidiert lutherische Prediger bemüht haben und irgendwann davon ausgingen, dass in ihren Kirchen der Gottesdienst nach der „Lutherische Lehre" abgehalten wurde.[26] Zudem entwickelten sich, völlig entgegen den Absichten des Herzogs, auch reformierte bzw. calvinistische Gemeinden, von denen hier Wesel[27] und Duisburg im Herzogtum Kleve erwähnt werden sollen. Doch nicht nur im Territorium dieses Herzogtums, das ritterschaftlich und administrativ eng mit der Grafschaft Mark verbunden war, sondern auch in der Grafschaft Mark selbst, im Raum Hamm, schlug der Calvinismus starke Wurzeln.

Die jülich-klevischen Länder entwickelten sich somit, trotz Bemühungen unter dem Nachfolger Herzog Wilhelms, Johann Wilhelm, die Länder wieder zum orthodoxen katholischen Glauben zurückzubringen, zu mischkonfessionellen Territorien.[28] Anders ausgedrückt: Ein Prozess der verdeckten religiösen Pluralisierung konnte auch unter diesem Fürsten als fanatischem Anhänger des tridentinischen Katholizismus nicht rückgängig gemacht werden. Dass nun interessanterweise einer der 1642 befragten Zeugen, Henrich Nölle aus Laer, angab, er habe Johann Wilhelm einmal in der Bochumer Kirche gesehen und gleichzeitig bestätigte, dass dort 1609 und in den Jahren zuvor das Abendmahl in beiderlei Gestalt ausgeteilt worden sei, führt uns von daher wieder auf Ungereimtheiten, als, nach allem, was wir über diesen Landesfürsten wissen, davon auszugehen ist, dass er dies sicherlich während seiner Anwesenheit keinesfalls geduldet hätte. Ihm selbst war von seinem Vater bis zu seiner Volljährigkeit verboten worden, das Abendmahl in einer Gestalt, wie von ihm selbst heftig verlangt, einzunehmen.[29] Immerhin müssen wir aber konstatieren, dass sich der gesundheitliche Geisteszustand dieses Herrschers bereits kurz nach seiner Regierungsübernahme rapide verschlechterte. In welchem gesundheitlichen Zustand Johann Wilhelm die Bochumer Kirche besucht hatte, wissen wir nicht, nehmen aber die Aussage von Nölle als wichtigen Hinweis auf landesherrliche Besuche als Element der Religionspolitik zur Kenntnis. Dem schlossen sich seine Aussagen zum Abendmahl unmittelbar an, die die Kommunion unter beiderlei klar bestätigten:

„Ad 1m. Erinnere sich Zeuge noch woll, daß weilandt Hertzogh Johann Wilhelm zu Bochumb einsmahls auf Mariae Geburtt in der Kirchen gewesen, auch hernacher verstorben und doemahls in allen Kirchen verleutet worden, alleine wiße das Jahr nicht.
Ad 2m. Affirmat unter beider Gestalt.
Ad 3m. Gleichfalß ja und sei an der einer Seithen deß Altahrs von einem Priester das Brodt und an der ander Seithen der Wein gereicht worden.“

1609 als Todesjahr von Herzog Johann Wilhelm wurde nun insofern auch aus dem Grunde als ein „Normaljahr“ in konfessioneller Hinsicht in den Befragungen von 1642 gesetzt, als die in diesem Jahr die Herrschaftsnachfolge gemeinschaftlich antretenden Fürstenhäuser, das Kurfürstentum Brandenburg und das Herzogtum Pfalz-Neuburg, den Ständen der jülich-klevischen Länder über die sogenannten Reversalien bzw. Religionsreverse[30] zugesichert hatten, dass sowohl der Katholizismus als auch das Luthertum wie auch die reformierte Lehre dort grundsätzlich zugelassen sein sollten. 1614 war daraufhin im Vertrag von Xanten vorläufig eine administrative Teilung der Länder vereinbart worden, die von daher von Bedeutung war, als die beiden daran beteiligten Fürsten mittlerweile zwei unterschiedlichen Konfessionen angehörten. Seit den 1640er Jahren sollten Friedrich Wilhelm von Brandenburg, der der reformierten Lehre anhing, während der andere, Wolfgang Wilhelm von Pfalz-Neuburg, katholisch war, versuchen, eine „gute Ordnung" in die komplexen Herrschaftsverhältnisse und in diese Länder zu bringen, indem sie den konfessionellen Besitzstand rechtlich festzuschreiben versuchten. Es blieb dabei jedoch prinzipiell bei einem gemeinschaftlichen Herrschaftsanspruch beider Häuser und bis zum Ende des Alten Reiches auch bei einer, wie ich es einmal genannt habe, gegenseitigen Durchdringung herrschaftlicher Autorität in diesen Ländern,[31] trotz der späteren Rezesse von 1666 und 1672/73.

In den 1620er Jahren sollten dies die Untertanen der Grafschaft Mark, insbesondere auch in Bochum zu spüren bekommen. 1621 lief nämlich der niederländisch-spanische Waffenstillstand aus dem Jahre 1609 aus. Damit begann in der Hellwegregion und am Niederrhein der große Krieg zunächst als ein jülich-klevischer Erbfolgekrieg und als Teil des Kriegs zwischen Spanien und der niederländischen Republik, indem sich spanische Soldaten, kurz darauf auch niederländische Soldaten in den Ortschaften einquartierten.[32] Die Spanier halfen dabei Herzog Wilhelm von Pfalz-Neuburg in diesem Zuge, seine trotz des Vertrages von Xanten immer aufrecht erhaltenen Ansprüche auf Landesherrschaft über die gesamten jülich-klevischen Länder durchzusetzen, nicht zuletzt, indem dieser katholischen Parteigängern in der Grafschaft Mark wichtige Funktionen verschaffte. In diesem Zusammenhang ist auf den als märkischer Landdrost eingesetzten Adeligen Dietrich von Syberg zu Wischlingen hinzuweisen,[33] überdies, im Hinblick auf Bo-

chum, auf den Amtsrichter Matthias Daniels, der auch in den Zeugenverhören immer wieder erwähnt wurde, und zwar als Person, mit der
ebenfalls religiöse Veränderungen wie die Durchsetzung katholischer
Bräuche verbunden waren. Der Zeuge Hermann Marß, seiner Aussage
zufolge Lutheraner, war einer von jenen, die aussagten, dass „von Richtern Daniell solches erst eingefuhret" worden war. Er gehörte zudem
zu jenen Zeugen, die evangelische Pastoren wie Melchior Ebbinghaus
benannten und sich damit ihrer Konfession als Lutheraner vergewis-
serten.

Zum hier erwähnten Pastor Ebbinghaus ist im Übrigen zu bemerken,
dass dieser gewaltsam von spanischen Soldaten vertrieben worden war.
Wir können jedenfalls nachvollziehen, dass die Zeugen, die sich der
Augsburgischen Konfession zuordneten, instruiert durch das Fragege-
rüst, dass von dem Drosten vorbereitet worden war, im Jahre 1642 da-
zulegen versuchten, dass religiöse Veränderungen erst nach 1609, in
den Jahren 1622 und 1623, eingetreten waren. Dass sich diese Aussagen
nach dem Westfälischen Frieden, in dem nun das Jahr 1624 als Normaljahr durchgesetzt worden war, einmal als eher schädlich erweisen
konnten, soll hier nur ganz kurz hinzugefügt werden.

Blickt man nun genauer auf die Fragenkataloge oder auch die Beweisartikel, zu denen sich die verhörten Personen zu äußern hatten, so
stellt man fest, dass in naheliegender Weise versucht wurde, Konfession
über Begriffe zu markieren. Die Termini „evangelisch" bzw. „lutherisch"
und „catholisch" (überliefert ist auch „katholisch") galten als geläufig.
Klarere Bezeichnungen für „catholisch" waren „römisch-catholisch"
und „päpstisch", ein Wort, das wiederum pejorativ aufgefasst werden
konnte, obwohl es nicht immer so gemeint war.[34] In den Bochumer
Protokollen wurde im Hinblick auf die katholischen Zeugen zumeist
festgehalten, sie seien „römisch-katholisch", was grundsätzlich auf eine
„Nachbesserung" seitens des Schreibers zurückgehen mag, vereinzelt
aber auch einfach „catholisch". Die protokollierten Aussagen lassen
zudem erkennen, das einige katholische Zeugen ihre andersgläubigen
Nachbarn und deren Gebräuche als „lutherisch", zuweilen auch als
„evangelisch" bezeichneten. Die Lutheraner sprachen wiederum sowohl

von „evangelisch", wenn sie ihresgleichen oder ihre Religion meinten, als auch von „lutherisch". Zu ergänzen ist, dass reformierte Untertanen in der Grafschaft Mark sich analog dazu gerne als „evangelisch-reformiert" bezeichneten, wie Unterlagen zu Befragungen etwa im Raum Hamm zeigen.[35]

Damit noch einmal zum Versuch, Eindeutigkeit zu erzielen, ohne den Zeugen leichtfertig zu glauben: Um möglichen Begriffsunklarheiten vorzubeugen und gegebenenfalls dem Vorwurf, sich auf mangelndes Urteilsvermögen seitens der Befragten zu verlassen, entgegentreten zu können, wurden die Zeugen sämtlich aufgefordert, sich zu Fragen zu äußern, die auf äußerliche Zeichen und Handlungen, vor allem in der Kirche, zugeschnitten waren. Diese Zeichen stellten für die Befragenden damit die zentralen Konfessionsindikatoren dar.

Wie die Bochumer Verhöre zeigen, wurden als lutherische Konfessionsindikatoren – die Frage nach spezifisch reformierten Konfessionsindikatoren stellte sich dort nicht – insbesondere die Austeilung des Abendmahls in beiderlei Gestalt und das Singen deutscher Kirchenlieder betrachtet. Dies waren, um einen Vergleich zu ziehen, in der osnabrückischen Befragung von 1648/49, die gleichen, als wesentlich zu betrachtenden Konfessionsindikatoren.[36] Die im Fürstbistum Osnabrück ebenfalls hierfür herangezogenen Erörterungen, ob die Taufzeremonie in deutscher Sprache abgehalten worden war, ob der Priester eine besondere Ermahnung vor dem Empfang des Abendmahls ausgesprochen hatte oder ob die Pastoren Ehefrauen hatten, tauchen in der Bochumer Befragung nicht auf.

An katholischen Konfessionsindikatoren führen die osnabrückischen Befragungen durchaus ebenfalls eine Reihe an, so etwa das Bekenntnis zur Religionshoheit des Papstes, die Anbetung von Heiligen und von Bildern, die Lehre von den sieben Sakramenten im Gegensatz zur Lehre von zwei Sakramenten im Luthertum, die Abhaltung von Seelmessen, liturgische Besonderheiten wie die Austeilung von Krisamöl und die Elevation des Kelches, das Tragen aufwendiger Messgewänder seitens des Klerus und die Vermittlung der Lehre vom Fegefeuer.[37] In Bochum mussten sich dagegen die Zeugen dazu äußern, inwieweit nach der spanischen Einquartierung Schützensalven auf den Prozessionen als katholische Neuerung eingeführt worden waren.

Dass diese Raster in einigen Fällen nicht vollends anschlugen, ist bereits mehrfach angedeutet geworden. Wenn wir Unterschiede zwischen den besonders überzeugenden Differenzkriterien und den eher unsicheren aufmachen, lässt sich die Austeilung des Abendmahles in beiderlei Gestalt im Fürstbistum Osnabrück als das am meisten klare Symbol ausmachen, das die Grenzen zwischen den Konfessionen markierte. In Bochum war dies dagegen nicht der Fall. Sämtliche der 13 Zeugen, von denen sich sieben katholischen und sechs der lutherischen Konfession zuordneten, gaben an, dass ihr Pastor das Abendmahl *sub utraque specie* ausgeteilt hatte. Hier klafften die obrigkeitliche Erwartungshaltung und die Einschätzungen der Zeugen auseinander.

Das Singen deutscher Kirchenlieder hatte für die osnabrückischen Zeugen eine ähnliche Bedeutung wie das Abendmahl in beiderlei Gestalt,[38] während sich sämtliche Zeugen in Bochum, gleich ob Katholiken oder Lutheraner, daran erinnerten, in ihrer Kirche deutsch gesungen zu haben. Einer der katholischen Zeugen, der Bierbrauer Severin Luckens, sagte allerdings aus, dass er sowohl lateinisch als auch deutsch gesungen hatte.[39] Die evangelischen Gemeindemitglieder führten im Verhör dagegen sehr selbstbewusst viele Lieder, die sie als die ihrigen betrachteten, konkret an, indem sie die Liedanfänge aufsagten: „O Lamb Gottes", „Mein Seel o Herr mueß loben dich", „Lobet den Herren", „Allein Gott in der Höhe sei Ehr", „Vatter unser im Himmelreich" etc. und „Wir gleuben all ahn einen Gott", ein Lied, das einige lutherische Zeugen, aber auch der katholische Zeuge Evert Anhalt,[40] einfach als „der Glauben" bezeichneten. Obwohl die Fragestellung danach, ob nicht die evangelisch-lutherischen Gesänge bzw. die „christlichen" Gesänge zum fraglichen Zeitpunkt in Übung gewesen seien, suggestiv formuliert war, kann man entnehmen, dass die Identifizierung mit ihrer Konfession entscheidend über diese gemeinsam gesungenen Lieder geprägt worden war. Auch Katholiken ließen erkennen, dass sie von den lutherischen Gesängen fasziniert waren. Einer dieser Zeugen sagte aus, „er könne die lutherische Gesänge alle und verachte sie nicht."[41] Der Schneider

Michael Schlett sagte aus, er habe „verschiedentlich die lutherischen Gesänge hören singen."[42]

Somit erlebte Wennemar von Neuhoff als Fragesteller, dass die vermeintlich sicheren Konfessionsindikatoren im Hinblick auf die religiösen Verhältnisse in Bochum zu eher unbefriedigenden Ergebnissen führten. Er wies, seinen Bericht an den brandenburgischen Kurfürsten zusammenfassend, darauf hin, dass sich die katholischen Zeugen im Hinblick auf die Konfession ihrer Prediger vor der „Spanischen Zeit" im Irrtum befunden hatten. Der Kurfürst möge ersehen, dass „vor und dero Zeit kein Unterscheidt deren, die sich zwarn ex errore, vel communi, vel particulari, noch catholisch profitirt und den Evangelisch-Lutherischen befunden [hätten] und solches nur bei der hispanischen Einquartierungh allererst durch dohmalige eingetrungene novationes und obtrusion der pfaltzneuwburgischen Bedienten" verändert worden sei und in diesem Zuge „die evangelische auß der Pfarkirchen vertrungen worden" seien.[43]

4. Woher wusste man, was die Konfessionen unterscheidet?

Wie kann man nun erklären, dass konfessionelles Bewusstsein einerseits in Bochum durchaus existierte, andererseits erstaunlich unklar geblieben war, wodurch sich diese Konfessionen unterschieden? Um den Ursachen hierfür nachzugehen, soll etwas genauer beleuchtet werden, wie den Untertanen „Konfession" vermittelt worden war, zudem wie diese Untertanen selbst ihre Konfession im Anschluss konstruierten:

Die Kirchenräume stellten in Bochum, im Gegensatz zu zahlreichen anderen Gemeinden im Reich, von daher kein Kriterium dar, als die Zeugen, die sich zwei unterschiedlichen Konfessionen zuordneten, ihre Aussagen zum gleichen Kirchengebäude machten. Allerdings stellte der Pastor als Hauptperson im Kirchenraum einen Referenzpunkt dar. Einer der Pastoren, der eindeutig als lutherisch-evangelisch identifiziert wurde, war der Uemminger Pastor Dietrich Schluck.[44] Das gleiche gilt für Melchior Ebbinghaus.[45] Im Hinblick auf den Bochumer Schulmeister und späteren Bürgermeister Adolf Abeli gaben die Zeugen wiederum kein eindeutiges Bild insofern ab, als sich einige Zeugen auf Nichtwissen festlegten.[46] Der Zeuge Gerdt Hagemann gab wiederum zu verstehen, dass Abeili „nicht recht catholisch gewesen" sei und „gehrne teutsch in der Kirchen gesungen" habe.[47] Andere Zeugenaussagen lassen erkennen, dass Abeli bis kurz vor seinem Tod zwar offiziell als Katholik in Erscheinung getreten war und auch als katholischer Bürgermeister gegolten hatte, sich auf dem Sterbebett jedoch zur lutherischen Religion bekannt habe.[48]

Dass die Konfessionsfrage dann im Augenblick des Umschwungs im Dreißigjährigen Krieg besonders akut geworden war, wird nicht nur über das Resümee des Amtmanns von Neuhoff, sondern auch über die Zeugenaussagen sehr anschaulich gemacht. Als sich seit 1622 spanische Soldaten in den Gemeinden der Grafschaft Mark einquartiert hatten, hatten sie und später Beamte des Herzogs von Pfalz-Neuburg als neue Obrigkeiten die katholische Konfession gewaltsam eingeführt. Als untrügliche Zeichen waren Neuerungen, im Gedächtnis haften geblieben. Diese bestanden in der Einsetzung neuer Priester nach der Vertreibung der alten, darüber hinaus in der Verweigerung des Laienkelches. Konfession war damit als Macht, Priester auszutauschen, markiert worden, zudem durch die Veränderung der Kommunion als eines der zentralen gemeinsamen Erlebnisse der Menschen in den Gemeinden. Einer der Zeugen zu Bochum, ein Tuchmacher, erinnerte sich überdies an die Konfiskation und teilweise an die Verbrennung von Büchern aus dem Besitz eines lutherischen Pastoren.[49] Die Entrechtung und Erniedrigung ehemaliger Würdenträger der lutherischen Konfession und die symbolische Vernichtung ihrer Lehre lassen sich dabei keineswegs als ungezügelte, planlose Gewaltaktionen, sondern als strategische Handlungen beschreiben.

Die Aktionen der neuen „spanischen Herren" in der Grafschaft Mark, wie einer der Zeugen sie nannte, lassen sich vielmehr als Versuch der parallelen Zeichengebung auf den beiden Feldern Politik und Religion verstehen. Ich möchte auf einen Begriff verweisen, den Marco Bellabarba vor kurzem verwendet hat: „retorica dell'azione" bzw. „Rhetorik des Handelns".[50] Mit Blick auf die Grafschaft Mark, insbesondere die Vorgänge in Bochum, wird besonders deutlich, dass es darum ging, der Gesellschaft abrupt neue Strukturen einzuschreiben und Veränderungen der Verhaltensmuster der Ortsansässigen über prägnante Kommunikation zu veranlassen. Wir können aus den Verhören und aus dem weiteren Verlauf der Geschichte entnehmen, dass diese „Rhetorik des Handelns" teilweise von Erfolg gekrönt war, da die Zeugen nicht nur von „spanischen Herren", sondern auch von einer spanischen Zeit sprachen. Sie setzte sich zudem über den Amtsrichter Daniels, dessen Name ebenfalls allen in der Erinnerung verblieben war und mit dieser Zeit verbunden wurde, von anderen Zeiten ab.[51]

Der angestrebte Erfolg der „Herrschaftsrhetorik" der Spanier und ihrer Helfer blieb jedoch auf der religiösen Ebene weitgehend aus. Die Zeugen gaben nämlich zu Protokoll, dass sich zwar damals einige Dorfbewohner den neuen Verhältnissen angepasst hatten. Andere hatten sich jedoch auswärtigen Gemeinden angeschlossen. Daraus lässt sich entnehmen, dass die neuen Herren es noch nicht erreicht hatten, ihre Macht in der Gegend um Bochum allgegenwärtig zu machen. Die Untertanen in der Stadt hatten dieser Macht zumindest zeitweilig entfliehen können. Darüber hinaus war es den spanischen Truppen nicht gelungen, den Eingesessenen zu vermitteln, dass ihre Herrschaft sich nachhaltig durchsetzen würde. Seit 1624 fand um die von Einquartierungen betroffenen Gebiete ein zäher Kleinkrieg statt, in dem generalstaatische und brandenburgische Militärs als Gegner des spanisch-pfalzneuburgischen Kriegsbündnisses auf den Plan traten.[52] Daraus konnten die lutherischen Untertanen die Hoffnung beziehen, dass sich die religiösen Verhältnisse erneut zu ihren Gunsten ändern würden.

Die Haltung der Lutheraner in der Grafschaft Mark war vor diesem Hintergrund von der Vorstellung von Traditionen geleitet. Die legitimen Formen, Religion zu praktizieren, ergaben sich für sie aus der Zeit vor dem kriegerischen Einfall. Die Machtdemonstrationen der Soldaten und der unter ihrem Schutz agierenden neuen Herrschaftsträger wurden dagegen als unrechtmäßige „mutationes" gedeutet. Dies galt aus ihrer Sicht auch für die Handlungen der katholischen Nachbarn, die erweiterte Freiräume zur Bekundung ihrer Konfession gewonnen hatten und mit unüberhörbaren und unübersehbaren Prozessionen, mit Gewehrsalven und Fahnen, die Botschaft ausgesandt hatten, dass der Katholizismus von den Orten vollständig Besitz ergriffen hatte.

Wenn viele Lutheraner dies, wohl zähneknirschend,[53] in der Kriegszeit erduldet hatten, um ein späteres Wiederaufleben ihres Gemeindelebens abzuwarten, lag dem eine Selbstvergewisserung von in der Vergangenheit vermittelten Wissensbeständen zu Grunde. Das Berufen auf Tradition lässt sich dabei einerseits als ein Nachleben von Herrschaftskommunikation vor der „Spanischen Zeit" verstehen, indem auf der ehemals durch obrigkeitliche Funktionsträger vermittelten Legitimität von Handlungen beharrt wurde. Andererseits manifestiert sich dabei eine nachträgliche Legitimierung der eigenen Handlungen der Vergangenheit. Die lutherischen Zeugen gaben sich als Subjekte, die in den 1620er Jahren, während der spanischen Besatzung, einen aktiven Part als Gläubige und Kirchgänger ausgeübt hatten, zu erkennen. Die ehemals bedrohte Norm wurde in ihren Köpfen um so mehr als die ihrige Konfession vergegenwärtigt.

Die Bruchlinie zwischen denjenigen, die sich entschieden hatten, zu beharren und in auswärtige Kirchen zu gehen, und jenen, die den neuen Herren und deren Priestern gefolgt waren, stellte sich offensichtlich in dieser Zeit als der gravierendste Unterschied zwischen den Konfessionen dar. „Sey derozeit etliche Lutherische catholisch und etzliche Catholische lutherisch worden", so brachte es der Zeuge Evert Anhalt auf den Punkt.[54] Allerdings deutet sich an, dass einige Eingesessene trotz innerlicher Beharrung auf den Bräuchen der Vergangenheit am neuen Gottesdienst teilnahmen und es vermieden, ihren Dissens zu äußern.

Wie tief ging das eigentliche Wissen, konfessionelle Normen betreffend? Wir wissen im Allgemeinen, dass – paradoxerweise – die traditionale Gesellschaft, obwohl alte, überlieferte Normen hoch angesehen waren, in den Städten und Dörfern in hohem Maße von Erinnerungsverlusten geprägt war, da die vermittelten Normen oftmals nicht über das Medium Schrift konserviert wurden. Dieser Faktor trug ebenfalls dazu bei, Unterschiede zwischen alt und neu oder hier „evangelischlutherisch" und „catholisch" in Details verwischen zu lassen. Dies brachte einen merkwürdigen Gegensatz hervor: Konfession als stets aufs Neue auszulebende Praxis ließ, für die Menschen oftmals nicht einmal im Einzelnen nachvollziehbar, Veränderungen einschleichen, während Konfession als Bewusstsein sich verfestigte.

Dass die „Machtrhetorik", die in der Frühen Neuzeit zur Vermittlung des „rechten Glaubens" eingesetzt wurde, den Untertanen nur wenig Wissen über die Glaubensformen und -inhalte der anderen übermittelte, kann wohl als ein Manko der Herrschaftskommunikation in der „Spanischen Zeit" betrachtet werden. Auch dies führte dazu, dass viele Menschen nicht recht wussten, wie sich ihre eigene Konfession von anderen abhob. Gerade Details über den fremden Glauben gehörten nicht unbedingt zu den als relevant betrachteten Wissensbereichen. Die unterschiedlichen Kirchen, die man besuchte, das Verhalten gegenüber der Herrschaft, die Provokation über öffentliche Demonstrationen von Ritualen, die einem selbst fremd waren – all dies war im Grunde genommen ausreichend, um recht oberflächlich Differenzen ins Bewusstsein treten zu lassen, und seine eigene Identität zu finden. Lehre und Liturgie waren, bis auf wenige prägnante Elemente, im Bewusstsein vieler Untertanen nicht besonders genau ausdefiniert und fixiert. Konfession auf dieser Ebene zeigte sich in der Mitte des 17. Jahrhunderts gerade in Bochum offensichtlich noch als eher undeutliches Phänomen. Andererseits sollte das konfessionelle Bewusstsein der Menschen noch einmal gestärkt werden, als man versuchte, Rechte und Besitztümer ihrer „Konfessionen" über Normaljahre festzulegen und unter Umständen auch zu beschneiden. Insofern sollten sicherlich die Normaljahrsverhöre noch einmal zu einem Konfessionalisierungsschub führen.

5. Der Zeuge Arnold Tack

Noch einmal zum Schluss: Was wollte Arnold Tack nun aussagen, indem er sich als Katholik bezeichnete und anfügte, er teile das Abendmahl in beiderlei Gestalt aus und glaube nicht an das Fegefeuer? Ordnet man seine Aussagen in die Erklärungen ein, die die anderen Bochumer Zeugen abgaben, spricht Vieles dafür, dass noch in den beiden ersten

Jahrzehnten des 17. Jahrhunderts die *communio sub utraque specie* in Bochum im Bewusstsein, dass man katholischen Glaubens sei, abgehalten worden ist. Zudem stellte die Erinnerung daran noch im Jahr 1642 eine Legitimationsgrundlage für ein eigensinniges Verständnis von Katholizismus dar. Hier wirkten in der Tat offenbar die kirchenpolitischen Einstellungen von Herzog Wilhelm V. von Jülich, Kleve und Berg noch nach, obwohl gerade unter seinem Nachfolger Herzog Johann Wilhelm bereits gegenreformatorische Maßnahmen eingeleitet worden waren, die aber nicht zuletzt bedingt durch die Geisteskrankheit des Fürsten nur wenig Erfolg gehabt hatten.

Dass Arnold Tack darauf hinwies, in Castrop „darzu erzogen" worden zu sein, das Abendmahl in beiderlei Gestalt auszuteilen und dass es in der dortigen Kirche nicht anders gehalten worden sei, macht deutlich, dass Bochum nicht als Einzelfall in dieser Hinsicht anzusehen ist. Dass er, wie angegeben, lutherische Lieder wie „Mein Seell o Herr mueß loben dich",[55] komponiert vom Lutheraner Erasmus Alber,[56] in der Kirche sang, deutet zudem darauf hin, dass konfessionelle Grenzen wohl unbewusst überschritten wurden. Tacks Aussage, dass das Lied „Lobet den Herren" ebenfalls zu diesen Kirchenliedern gehörte, zeigt im Übrigen, und hierin liegt noch einmal ein besonderer Quellenwert der Bochumer Verhöre, dass man den Liedtext nicht, wie in der einschlägigen Forschung praktiziert, dem 1650 geborenen reformierten Theologen Joachim Neander zuschreiben kann.[57]

Alles in Allem: Arnold Tack wollte augenscheinlich nicht provozieren. Und dennoch war im bewusst, dass er „catholisch" als einen mehrdeutigen Begriff im Munde führte. Jedem Prediger muss im Jahr 1642 auch in der Grafschaft Mark klar gewesen sein, dass das Abendmahl in beiderlei Gestalt mittlerweile längst im Reich für viele Menschen zu einem klaren Unterscheidungsmerkmal zwischen der katholischen Lehre und den nichtpäpstlichen Konfessionen geworden war. Dass der Zeuge aussagte, er glaube nicht an das Fegefeuer, kam darüber hinaus einer Ablehnung der eindeutigen tridentinischen Beschlüsse hierzu gleich.[58] Diese sah Arnold Tack offensichtlich nicht als verbindlich für sein Verständnis des Katholizismus an. Die Möglichkeiten der Papstkirche, ihn deswegen zur Rechenschaft zu ziehen, waren wiederum in einem Territorium, an dessen Spitze mit Kurfürst Friedrich Wilhelm von Brandenburg ein Landesherr reformierter Konfession stand, sehr begrenzt.

Anmerkungen

[1] Die amtlichen Erkundigungen aus den Jahren 1664-1667, [hrsg. v. Hugo Rothert], in: Jahrbuch für westfälische Kirchengeschichte 14 (1912), S. 176-231, [3. Teil], hier S. 203.

[2] Ralf-Peter Fuchs/Winfried Schulze: Zeugenverhöre als historische Quellen - einige Vorüberlegungen, in: Dies. (Hg.): Wahrheit, Wissen, Erinnerung. Zeugenverhörprotokolle als Quelle für soziale Wissensbestände der Frühen Neuzeit. Münster, Hamburg, London 2002 (= Wirklichkeit und Wahrnehmung in der Frühen Neuzeit 1), S. 7-40, hier S. 7.

[3] Siehe hierzu Ralf-Peter Fuchs: Ein „Medium" zum Frieden. Die Normaljahrsregel und die Beendigung des Dreißigjährigen Krieges, München 2010.

[4] Ralf-Peter Fuchs: 1609, 1612 oder 1624? Der Normaljahrskieg von 1651 in der Grafschaft Mark und die Rolle des Reichshofrates, in: Westfälische Forschungen 59 (2009), S. 297-311.

[5] Siehe zu dieser Quellengattung die zuletzt erschienene Untersuchung von Matthias Bähr: Die Sprache der Zeugen. Argumentationsstrategien bäuerlicher Gemeinden vor dem Reichskammergericht (1693-1806). Konstanz/München 2012.

[6] Fuchs/Schulze, Zeugenverhöre als historische Quellen 2002, S. 24-26.

[7] Die amtlichen Erkundigungen 1912 [3. Teil], hier S. 181.

[8] Die amtlichen Erkundigungen 1912 [3. Teil], hier S. 197.

[9] Umfassend dargestellt wurden sie von Franz Darpe: Geschichte der Stadt Bochum. Bd. 2: Bochum in der Neuzeit B. 1618-1740. Bochum 1893, hier S. 247ff.

[10] Siehe dazu neben der Quellenedition von Hugo Rothert, die hier zu Grunde gelegt wird: Franz Darpe: Die Anfänge der Reformation und der Streit über das Kirchenvermögen in der Grafschaft Mark. Amtliche Berichte des 17. Jahrhunderts, in: Zeitschrift für Vaterländische Geschichte und Alterthumskunde (= Westfälische Zeitschrift) 50 (1892), S. 1-68 (1. Teil) und 51 (1893): S. 1-89 (2. Teil), zudem die Arbeit von Gerrit Haren: Auseinandersetzungen hinsichtlich des Kirchenvermögens zwischen Evangelischen und Katholischen der Grafschaft Mark nach beendetem Jülich-Clevischen Erbfolgestreit, in: Märkisches Jahrbuch für Geschichte 15 (1900-1901), S. 3-48.

[11] Die Hinweise auf die Transkriptionen von Hugo Rothert folgen hiermit: Die amtlichen Erkundigungen aus den Jahren 1664-1667 (1909-1915), [hrsg. v. Hugo Rothert] in: Jahrbuch für westfälische Kirchengeschichte 11/12 (1909/10), S. 183-303 [= 1. Teil], Jahrbuch für westfälische Kirchengeschichte 13 (1911), S. 225-236 [= 2. Teil], in: Jahrbuch für westfälische Kirchengeschichte 14 (1912), S. 176-231 [= 3. Teil], in: Jahrbuch für westfälische Kirchengeschichte 15 (1913), S. 162-189 [= 4. Teil], in: Jahrbuch für westfälische Kirchengeschichte 16 (1914/15), S. 303-335 [= 5. Teil].

[12] Die amtlichen Erkundigungen 1911 [2. Teil], hier insbesondere S. 225-232, und: Die amtlichen Erkundigungen 1912 [3. Teil], hier S. 176-180.

[13] Die amtlichen Erkundigungen 1912 [3. Teil], hier S. 179.

[14] Die amtlichen Erkundigungen 1912 [3. Teil], hier S. 181.

[15] Normalerweise wurden im kommissarischen Verhör die Beweisartikel von der zeugenführenden Partei formuliert, während der Gegenseite Gelegenheit gegeben wurde, ihre eigenen „Interrogatoria" abzufassen. Siehe Fuchs/Schulze, Zeugenverhöre als historische Quellen 2002, S. 23-25. Wennemar von Neuhoff überging hier also die Rechtsnorm.

[16] Fuchs, Ein Medium zum Frieden 2010, S. 1-3.

[17] Ralf-Peter Fuchs: Die Autorität von „Normaljahren" bei der kirchlichen Neuordnung nach dem

Dreißigjährigen Krieg – Das Fürstbistum Osnabrück und die Grafschaft Mark im Vergleich, in: Arndt Brendecke, Ralf-Peter Fuchs, Edith Koller (Hg.): Die Autorität der Zeit in der Frühen Neuzeit. Berlin 2007, S. 353-374, hier S. 356.

[18] Fuchs, Normaljahrskrieg 2009.

[19] Hierzu jetzt: Thomas Kirchner: Katholiken, Lutheraner und Reformierte in Aachen 1555-1618. Konfessionskulturen im Zusammenspiel. Tübingen 2015.

[20] Theodor Joseph Lacomblet (Hg.): Urkundenbuch für die Geschichte des Niederrheins oder des Erzstifts Cöln, der Fürstenthümer Jülich und Berg, Geldern, Meurs, Kleve und Mark, und der Reichsstifte [...] / 4: Die Urkunden von 1401 bis zum Erlöschen des Jülich-Cleve'schen Hauses im Mannsstamme (1609) und eine Nachlese von 80 alten Urkunden enthaltend. Bonn 1858, Nr. 547, S. 680: « quod ipse illustrissimus d. dux […] in orthodoxa fide et religione nostra et universalis ecclesi[a]e conservabit et retinebit, ac nullam penitus innovationem auf immutationem facie taut fieri permittet ».

[21] Zur Priesterehe in den jülich-klevischen Ländern siehe insbesondere Antje Flüchter: Der Zölibat zwischen Norm und Devianz. Kirchenpolitik und Gemeindealltag in Jülich und Berg im 16. und 17. Jahrhundert. Köln 2006. Weitere wichtige neuere Studien zur Kirchenpolitik Wilhelms V. liegen vor: Martin Szameitat: Konrad Heresbach – Ein niederrheinischer Humanist zwischen Politik und Gelehrsamkeit. Bonn 2010, und: Susanne Becker: Zwischen Duldung und Dialog. Wilhelm V. von Jülich-Kleve-Berg als Kirchenpolitiker. Bonn 2014.

[22] Heribert Smolinsky: Humanistische Kirchenordnungen des 16. Jahrhunderts als kirchenpolitische „via media" in Jülich-Kleve-Berg, in: Meinhard Pohl (Hg.): Der Niederrhein im Zeitalter des Humanismus. Konrad Heresbach und sein Kreis. Bielefeld 1997, S. 57-72; ebenso: Hansgeorg Molitor: Politik zwischen den Konfessionen, ebd., S. 39-42.

[23] Max Lossen: Zur Geschichte des Laienkelchs am Hofe des Herzogs Wilhelm von Jülich-Cleve-Berg 1570-1579, in: Zeitschrift des Bergischen Geschichtsvereins 19 (1883), S. 1-30, hier S. 2.

[24] Ludwig Keller: Die Gegenreformation in Westfalen und am Niederrhein. Actenstücke und Erläuterungen. 3 Bde. Leipzig 1881-1895, hier Bd. 1, S. 31-40.

[25] Lossen, Geschichte des Laienkelchs 1883, S. 9.

[26] Zu diesem Konfessionalisierungsvorgang „von Unten" siehe Oliver Becher: Herrschaft und autonome Konfessionalisierung. Politik, Religion und Modernisierung in der frühneuzeitlichen Grafschaft Mark, Essen 2006.

[27] Siehe hierzu die wichtige Arbeit von Jesse Spohnholz: The tactics of toleration. A refugee community in the age of religious wars. Newark 2010.

[28] Ein guter exemplarischer, allerdings hauptsächlich auf das Herzogtum Berg bezogener Überblick über dieses Phänomen findet sich bei Stefan Ehrenpreis: Das Herzogtum Berg im 16. Jahrhundert, in: Stefan Gorissen, Horst Sassin, Kurt Wesoly (Hg): Geschichte des Bergischen Landes, Bd. 1: Bis zum Ende des alten Herzogtums 1806, Bielefeld 2014, S. 213-357.

[29] Lossen, Geschichte des Laienkelchs 1883, S. 22f.

[30] Heribert Smolinsky: Jülich-Kleve-Berg, in: Anton Schindling/Walter Ziegler (Hg.): Die Territorien des Reichs im Zeitalter der Reformation und Konfessionalisierung. Land und Konfession 1500-1650. Bd. 3: Der Nordwesten. 2. Aufl. Münster 1995, S. 86-107, hier S. 102.

[31] Ralf-Peter Fuchs: Verschiedene Normaljahre und die gemeinsame Autorität zweier Fürsten im jülich-klevischen Kirchenstreit, in: Wulf Oesterreicher, Gerhard Regn, Winfried Schulze (Hg.): Autorität der Form – Autorisierungen – Institutionelle Autorität. Münster, Hamburg, London 2003, S. 309-322.

[32] Ralf-Peter Fuchs: Der Dreißigjährige Krieg und die Grafschaft Mark, in: Märkisches Jahrbuch für Geschichte 100 (2000), S. 103-138.

[33] Fuchs, Der Dreißigjährige Krieg und die Grafschaft Mark 2000, S. 111f., und: Christine Schmitt: Karriere in Zeiten des Erbstreits. Der Aufstieg des märkischen Adligen Dietrich von Syberg zu Wischlingen und seiner Familie im Dienst Pfalz Neuburgs (1606-1653), in: Manfred Groten/Wil-

fried Reininghaus (Hg.): Der Jülich-Klevische Erbstreit 1609. Seine Voraussetzungen und Folgen. Düsseldorf 2011, S. 241-265.

[34] Siehe den Art.: „päpstisch", in: Deutsches Rechtswörterbuch, Bd. 10, 1997-2001.

[35] Die amtlichen Erkundigungen 1909 [1. Teil], hier S. 184. Zudem heißt es: „der reformirten religion": Siehe etwa S. 190.

[36] Hierzu: Ralf-Peter Fuchs: The Production of Knowledge about Confessions. Witnesses and their Testimonies about Normative Years in and after the Thirty Years War, in: Jason Philip Coy, Benjamin Marschke, David Warren Sabean (Ed.): The Holy Roman Empire, Reconsidered. New York/Oxford 2010, S. 93-106, hier S. 96f.

[37] Fuchs, The Production of Knowledge 2010, S. 96f.

[38] Fuchs, The Production of Knowledge 2010, S. 96f.

[39] Die amtlichen Erkundigungen 1912, [3. Teil], S. 190.

[40] Die amtlichen Erkundigungen 1912, [3. Teil], S. 188.

[41] Zeuge Evert Anhalt: Die amtlichen Erkundigungen 1912, [3. Teil], S. 188.

[42] Die amtlichen Erkundigungen 1912 [3. Teil], S. 192.

[43] Die amtlichen Erkundigungen 1912 [3. Teil], S. 205.

[44] So Zeuge Heinrich Nölle: Die amtlichen Erkundigungen 1912 [3. Teil] S. 185.

[45] So Zeuge Johann Bußdreisch: Die amtlichen Erkundigungen 1912 [3. Teil], S. 187.

[46] So Zeuge Heinrich Nölle: Die amtlichen Erkundigungen 1912 [3. Teil], S. 185. Ebenso Heinrich Velthaus: Die amtlichen Erkundigungen 1912, [3. Teil], S. 200.

[47] Die amtlichen Erkundigungen 1912 [3. Teil], S. 194.

[48] So Zeuge Berndt Severin: Die amtlichen Erkundigungen 1912 [3. Teil], S. 191: „Habe solches alles dero Zeit offt und woll gehöret, dan bei seinem Abwesen gestorben."

[49] Aussage des Zeugen Arndt Grolman: Die amtlichen Erkundigungen 1912 [3. Teil], S. 195.

[50] Siehe Marco Bellabarba: Zeugen der Macht: Adelige und tridentinische Bauerngemeinden vor den Richtern (16. – 18. Jahrhundert), in: Fuchs/Schulze, Zeugenverhöre als historische Quelle 2002, S. 201–224.

[51] Richter Daniels sollte im übrigen 1629 in Haft genommen und in der Festung Jülich gefangen gehalten werden: BayHStA München, Jülich-Berg 1088 a 24.

[52] Fuchs, Der Dreißigjährige Krieg 2000, S. 114f.

[53] Es sieht allerdings so aus, als habe der lutherische Feldscherer Hermann Marß an diesen Prozessionen teilgenommen und „nur eine Fahne und einige Bildercken getragen". Die amtlichen Erkundigungen 1912 [3. Teil], S. 196.

[54] Die amtlichen Erkundigungen 1912, [3. Teil], S. 189.

[55] Die amtlichen Erkundigungen 1912, [3. Teil], S. 204.

[56] Siehe Wilhelm Gaß: Art. „Alber", in: Allgemeine Deutsche Biographie, Bd 1. (1875), S. 219-220.

[57] Siehe Michael Fischer: „Lobe den Herren, den mächtigen König", in: Historisch-kritisches Liederlexikon, unter dem URL: http://www.liederlexikon.de/lieder/lobe_den_herren_den_maechtigen_koenig. (19.1.2017), Dort befinden sich weitere Literaturhinweise.

[58] Bruno Schilling: Concilium Tridentinum. Deutsch, mit Nachweisungen und kirchenrechtlichen Anmerkungen. Berlin 1845, S. 223.

Die landesherrliche Kirchenpolitik und die Anfänge der Reformation im Amt Bochum

Dieter Scheler

Die Reformation war ein Prozess, der sich in Stadt und Amt Bochum nur langsam durchsetzte: relativ früh auf Haus Weitmar (1543) und in Langendreer (1554), Ende des 16. Jahrhunderts erst in der Unterherrschaft Stiepel und in der Stadt Bochum noch später.[1] Aber die meisten dieser Daten sind unsicher, weil sie auf späten Erkundigungen des 17. Jahrhunderts über die konfessionelle Zugehörigkeit von Kirchen im vorangegangenen Jahrhundert beruhen. Ein Beispiel für die Unzuverlässigkeit dieser Quellen bietet Harpen, wo bei den Befragungen im 17. Jahrhundert die Pfarrgenossen als ersten protestantischen Geistlichen den Pfarrer Heinrich Stoedt anführen, der zwar tatsächlich mit einer Frau zusammen lebte und mit ihr Kinder hatte, sie aber durchaus noch als seine Haushälterin bezeichnete. Überdies besaß er eine aktuelle lateinische katholische Abhandlung zum Beichtsakrament – von einer Sammlung von Heiligenbildchen ganz zu schweigen. Er war sicher noch katholisch, aber die Tatsache von Frau und Kindern genügte den Zeugen des 17. Jahrhunderts ihre protestantische Kirchengeschichte entsprechend weit zurückreichen zu lassen und damit den Anspruch auf ihre Kirche als gutes altes Recht zu erweisen.[2]

Mit der frühen Reformationsgeschichte märkischer Städte wie Soest und Lippstadt, in denen sich die neue Lehre 1530/1531 durchsetzte, ist die Geschichte der Reformation in Bochum also nicht zu vergleichen.[3] Woran das zunächst lag, ist leicht erklärt. Denn in Bochum gab es weder ein Kloster noch überregionalen Handelsverkehr, also typische Voraussetzungen für eine frühe Reformation. Und es gab auch keine bedeutende Schule, von einer Universität ganz zu schweigen, ebenso wenig Wittenberger Universitätsabsolventen – wie etwa in Lippstadt. Die Reformation war aber ganz in mittelalterlicher Tradition zunächst das Produkt der Universität und der Predigt. Man denke nur an die Bedeutung der hohen Schule für die Entstehung und Verbreitung der kirchenkritischen Thesen von Wiclif und Hus in Oxford und Prag und an die großen Volksprediger des 15. Jahrhunderts wie Savonarola, Johannes Capistrano oder Vinzenz Ferrer. In dieser Tradition stand Martin Luther und die Ausbreitung seiner Thesen geschah vor allem über die Universität und die Städte.

Bedeutet das also, dass die Macht der alten Kirche jenseits der städtischen Zentren die Ausbreitung der neuen Lehre verhinderte? Nein, denn verhindert wurde deren Ausbreitung zwar zunächst tatsächlich durch die Obrigkeit, aber nicht durch die kirchliche, sondern die weltliche in Form der fürstlichen Landeskirchenherrschaft.

Im 16. Jahrhundert gehörten die Stadt und das Amt Bochum – es nahm damals in etwa den Raum des heutigen Stadtgebiets ein – als eigene Verwaltungseinheit zum Territorium Jülich-Berg und Kleve-Mark, das in seiner Ausdehnung dem heutigen Bundesland Nordrhein-Westfalen (ohne Münster und Paderborn) entsprach. Das Territorium war durch dynastische Heirat 1521 entstanden und damals das größte im Nordwesten des Reichs. Gemeinsame Hauptstadt der erheirateten Territorien war Düsseldorf. Sein mächtigster Nachbar im Westen war die damalige Weltmacht Habsburg, die nicht nur die ehemaligen burgundischen Territorien (die heutigen Benelux-Staaten) mit den habsburgischen Erblanden Österreich, Böhmen und Ungarn verbunden hatte, sondern auch mit der Nachfolge in den spanischen Königreichen diese und damit auch deren überseeische Besitzungen besaß. Diese Nachbarschaft zum in Brüssel residierenden Kaiser Karl V. sollte Herzog Wilhelm IV., Sohn des ersten Regenten der vereinigten Territorien Johanns III., die größten Probleme bereiten. Denn der folgenreiche Fehler Wilhelms, sein Territorium noch um das Herzogtum Geldern, das zum Interessengebiet der Habsburger gehörte, zu erweitern, führte zu Krieg und militärischer Niederlage. Es folgte nicht nur die politische Heirat mit einer Habsburgerin, sondern auch die Verpflichtung des unterlegenen Fürsten, die Territorien beim katholischen Glauben zu erhalten. Darüber hinaus wurden seine Länder im Aufstand der nördlichen burgundischen Provinzen gegen den spanischen König als Zwangsverbündete der Spanier Aufmarschgebiet für diese und für die aufständischen Generalstaaten.

Von allen diesen Konflikten war auch das Amt Bochum betroffen. Besonders folgenreich erwies sich dabei die Kirchenpolitik der Herzöge in Düsseldorf, die mit Beginn der Reformation eine Art Mittelweg zwischen katholischer Tradition und reformatorischen Neuerungen zu beschreiten versuchte.[4] Es erscheint im ersten Moment vielleicht merkwürdig, dass ein Landesherr als Laie die religiöse Ausrichtung der Kirchen in seinem Land bestimmte. Denn eigentlich war dafür der Erzbischof von Köln zuständig, in dessen Sprengel die vereinigten Territorien fast vollständig fielen. Und noch merkwürdiger könnte es erscheinen, dass dieser Zustand nichts Neues war, sondern bis in das 14. Jahrhundert zurückging.

Im Prozess der Durchorganisierung des Territoriums, der sich im späten Mittelalter überall beobachten lässt, ergaben sich durch die kirchenrechtlich vom Diözesanbischof abhängige Kirchenorganisation im Lande ständig Reibeflächen zwischen Bischof und Landesherrn. Die eine betraf die geistliche Gerichtsbarkeit, die sich auch auf viele Materien der weltlichen Gerichtsbarkeit erstreckte, und deshalb von den Landesherren nach Möglichkeit weitgehend eingeschränkt wurde. Der zweite nicht weniger wichtige Konfliktbereich betraf das Kirchengut und die Besetzung und Vergabe der geistlichen Ämter und Pfründen. Als Schutzherr seiner Kirchen und in vielen Fällen auch als direkter Kirchenpatron versuchte der Herzog vor allem die Pfründenvergabe in der Hand zu behalten – in erster Linie zur Versorgung seiner Beamten und als Patronage und Gnadenerweis für seine Klientel im gesamten Territorium. So war beispielsweise die Bochumer Pfarrkirche mit ihrer bedeutenden Pfründe im 15. Jahrhundert fast immer in der Hand herzoglicher Beamter mit Klerikerstatus, die nicht in Bochum residierten, sondern Stellvertretern die Ausübung des geistlichen Amtes überließen.[5]

Zwar war der Klerus generell steuerfrei, aber in der Praxis verlangten sowohl der Diözesanbischof wie der weltliche Landesherr von der Geistlichkeit immer wieder außerordentliche Beisteuern. Schon um 1300 wurden deshalb von bischöflicher Seite genaue Verzeichnisse der Pfründenerträge aller Kirchen der Diözesen angelegt, um ihre mögliche Steuerleistung einschätzen zu können.[6] In diesem Punkte hinkten die weltlichen Landesherren ihren geistlichen Konkurrenten hinterher. Erst in der Zeit um 1530 ist beispielsweise für das Amt Bochum von herzoglicher Seite ein Verzeichnis der Erträge der Pfarreien und Vikarien erstellt worden.[7] Gleichzeitig sahen es die Landesherren aber auch als Teil ihrer Herrscheraufgabe an, über die geistliche Versorgung ihres Landes zu wachen und übermäßige Belastung ihrer Untertanen durch kirchliche Abgaben zu verhindern. Die Herzöge waren durchaus persönlich fromm, was sich etwa daran zeigt, dass sie im 15. Jahrhundert recht konsequent Klöster in ihren Landen reformierten. Es gehörte schon vor der Reformation zum Selbstbild der Territorialherren, auch für das Seelenheil ihrer Untertanen Sorge tragen zu müssen.[8]

Grundsätzlich stimmten die Untertanen in diesen Punkten mit ihren Herzögen überein. Ausgenommen dabei der Sonderfall der Geistlichkeit, die, wenn der Bischof sie besteuerte, vom Landesherren Unterstützung bei der Abwehr dieser Forderungen erwartete, und umgekehrt, wenn die Landesherren Beisteuern forderten, sie sich davor mit Hilfe des geistlichen Gerichtes zu schützen versuchte.

Die Kirchenherrschaft der Herzöge war unbestritten und ging soweit, dass die Formel „Dux Cliviae Papa est in terris suis", der Herzog von Kleve ist Papst in seinen Ländern, zu einer Standardformel des Staatskirchenrechts wurde. Es ist im Kern bereits im 15. Jahrhundert dieselbe Formulierung, die die späteren brandenburgisch-preußischen Herrscher mit Blick auf ihre Stellung über den Konfessionen gebrauchen sollten. Wie weit die Verpflichtung der Kirchen des Landes zur Unterstützung der Herrschaft gehen konnte, zeigt die 1543 durchgeführte Einziehung von Kirchenkleinodien in den Territorien aufgrund eines Beschlusses der Landstände auf dem Landtag in Essen, ein Beschluss, der keinerlei Bezug zur Reformation aufweist.[9]

Mit ihrem eigenen Weg der Kirchenreform stehen die Herzöge der vereinigten Territorien durchaus nicht allein da. Auch Herzog Georg der Bärtige, Herzog im albertinischen Sachsen (1500-1539), führte eine eigenständige Kirchenreform durch und distanzierte sich entschieden von der Wittenberger Reformation im ernestinischen Sachsen.[10] Die Herzöge in Düsseldorf waren zwar unbestrittene Herrscher in ihren

Territorien, hatten aber mächtige Landstände als ihr Gegenüber.[11] Diese setzen sich aus Vertretern der Ritterschaft und der Städte zusammen und mussten einberufen werden, wenn der Landesherr außerordentliche Steuern benötigte. Deren Genehmigung aber machten die Stände von der Abstellung der Beschwerden abhängig, die sie im Gegenzug vorbrachten. So wie die Steuerbewilligung faktisch regelmäßig erteilt wurde, wurde auch auf die Gravamina in aller Regel von den Räten des Herzogs Bescheid gegeben. Die Landtage waren die politische Öffentlichkeit der Territorien, in der im 16. Jahrhundert vor allem die großen Probleme des Kriegs und der zunehmenden religiösen Konflikte zur Diskussion standen.

Johann III. reagierte auf Luthers Auftreten zunächst nicht, auch das in Worms 1521 verabschiedete Edikt gegen den Reformer ließ er in seinen Ländern nicht veröffentlichen. Erst nach dem Bauernkrieg 1525 kam es zur offiziellen Ablehnung der lutherischen Lehre. Und diese Ablehnung der neuen Lehren verstärkte sich mit dem Auftreten von Wiedertäufern und vor allem dem Wiedertäuferreich in Münster. Um den religiösen Frieden in seinen Ländern und die Stabilität seiner Herrschaft zu sichern, wurden nun bewusst Wiedertäufer und Reformierte als Sektierer ausgegrenzt.[12] Gleichzeitig wurde eine eigene Kirchenordnung 1525 erlassen, in der als einer der Hauptgesichtspunkte der Schutz der Untertanen vor finanzieller Ausbeutung stand. Niemand sollte zu Begängnissen und Jahrgezeiten gezwungen werden, Hochzeiten und Taufen sollten ohne große Beköstigung stattfinden, Geldstrafen im Sendgericht wurden verboten, ebenso der Gütererwerb durch Geistliche. Mönche sollten keine Pfarreien mehr verwalten dürfen, ihr Bettel wurde verboten und ebenso das Handeltreiben von Mönchen und Geistlichen. Wert gelegt wurde dagegen auf die Armenfürsorge. Was das eigentliche Pfarramt anging, wurden tüchtige und gebildete Prediger verlangt und die Abschaffung der Heiligenprozessionen verfügt.[13] In der 1532 erlassenen neuen Kirchenordnung wird unter anderem die Vermeidung von Disputationen über streitige Artikel und Neuerungen in der Religion befohlen; aber auch die Ermahnung formuliert, Zinsen, Renten und Zehnten niemandem vorzuenthalten.[14] Hier zeigt sich schon der Fortschritt der Reformation in den vereinigten Territorien: einerseits immer schärfere Gegensätze zwischen unterschiedlichen Gruppen der Reform und andererseits über das Verbot unerlaubter geistlicher Geldforderungen hinaus der Trend zur „preiswerten Religion".

Den Kirchenordnungen folgten wie im albertinischen Sachsen vom Landesherren angeordnete Kirchenvisitationen 1533 in Jülich-Berg und Ravensberg sowie in Kleve-Mark, außerdem unter dem Nachfolger Johann III., unter Herzog Wilhelm IV., eine weitere Visitation in Jülich Berg 1550.[15] In Kleve-Mark leitete die Visitation der Bochumer Amtmann Johann von Loe.[16] Leider haben sich diese Akten bis auf einen kurzen Auszug, der Witten betrifft, nicht erhalten.[17] Man kann aber davon ausgehen, dass das Ziel dieser Überprüfungen überall dasselbe war. Es ging um das Aufspüren von Sektierern, es ging um die wirtschaftliche Sicherung der Pfarreien und um die Bildung und die Moral der Geistlichen. Wobei gerade die Untersuchung der wirtschaftlichen Situation der Pfarreien großen Raum einnahm, ein Hinweis darauf, wie sehr einerseits ein geordnetes Pfarrwesen einschließlich der Armenfürsorge von einer gesicherten materiellen Grundlage abhing, wie sehr aber auch andererseits der Landesherr auf die Steuerleistungsfähigkeit des Kirchenbesitzes achtete. Dass in den Aussagen der befragten Zeugen, und das waren zunächst die Laien, am Konkubinat der Pfarrer und Vikare kaum Kritik geübt wurde, sei nur am Rande erwähnt. Wilhelm IV. tolerierte die Priesterehe.[18] Und nicht nur das: Er gestattete auch den Laienkelch. 1543 traf er sich persönlich mit Melanchthon in Brühl. Dessen Concordia-Werk der Confessio Augustana wurde das Vorbild der geplanten, aber nicht mehr veröffentlichten Kirchenordnung des Jahres 1566/67. Wilhelm vollzog damit eine deutliche Öffnung zu protestantischen Positionen ohne sich von der alten Kirche in der Hoffnung auf ein Konzil zu trennen, das eine Kirche der apostolischen Ideale herstellen sollte. Mit dieser nichtkonfessionellen Einstellung erntete der Herzog konsequenterweise Kritik von beiden Seiten.[19] Faktisch bedeutete sie aber, dass Patronatsherren, Pfarrer und Gläubige ein und dasselbe sichtbare Ritual konfessionell unterschiedlich interpretieren konnten. Selbst die zeitlich sehr späten Befragungen von Zeugen, seit wann der protestantische Ritus in Bochum und im Amt Bochum geübt worden sei, verraten in den gegensätzlichen Antworten noch immer die Interpretationsfähigkeit der unter Herzog Wilhelm geübten Praxis.[20]

Die tatsächlich eingetretene Bildung von Konfessionen machte aber auf die Dauer die vermittelnde Position unhaltbar. Die Mehrkonfessionaliät in den Territorien wurde zur Wirklichkeit, umschrieben in der Forderung der Landstände „niemanden in seinem Gewissen zu beschweren".[21] Aber hinter dieser Formulierung verbirgt sich nun keineswegs die Forderung nach der reinen lutherischen Lehre. Denn die Landstände fordern auch von ihrem Landesherrn, dass er Klöster und Stifte nicht aufhebe, damit sie zur Versorgung der Kinder von Adeligen und Bürgern auch in Zukunft zur Verfügung stehen sollten. Worauf die Räte zurecht antworten, dass der Herzog dies bisher nicht getan habe und in Zukunft auch nicht tun wolle.[22]

Hatte das Kirchenregiment in den vereinigten Territorien am Anfang des 16. Jahrhunderts es noch als seine Aufgabe angesehen, eine einheitliche Kirchenordnung zu wahren und zu befördern, stand es am Ende des Jahrhunderts vor dem Problem, unterschiedliche Konfessionen, die vor Ort zunehmend in Konflikte miteinander gerieten, zu befrieden. Das gelang aber deshalb nicht mehr, weil die Landesherrschaft mit der Ausgrenzung der Reformierten, der zeitweisen Betonung protestantischer Ansätze und in der Spätphase einer Rückwendung zum Katholizismus selbst als Partei wahrgenommen wurde. Es waren die Landstände, die mit ihren auf das Ganze des Landes zielenden Forderungen noch die Fiktion einer einheitlichen Kirchenpolitik aufrechterhielten.[23] Ihnen ist es zu verdanken, dass mit dem Ende der Dynastie 1609 und der darauf folgenden Aufteilung des großen Territorialkomplexes in die Brandenburg zugeschlagenen Länder Kleve-Mark und Ravensberg und in die an die Pfalz gegangenen Länder Jülich-Berg, die neuen Landesherren gezwungen waren, die gemischte Konfessionsbildung in den fünf Territorien zu tolerieren und sich in jahrzehntelangen Verhandlungen schließlich nicht nur auf zahllose praktische Details im Umgang der Konfessionen miteinander zu einigen, sondern sich auch gegenseitig als Schutzherren der Konfessionen anzuerkennen: der Brandenburger für Lutheraner und Reformierte auch in Jülich-Berg, der Pfälzer für Katholiken auch in Kleve-Mark und Ravensberg. Die religionspolitische Einheit der vereinten Territorien des 16. Jahrhunderts blieb so trotz der Aufteilung der Länder bis zum Ende des Alten Reiches erhalten.

Aus dem Jahr 1607, zwei Jahre vor dem Ende der angestammten Dynastie, ist ein Mandat des Herzogs überliefert, das auf Beschwerden der märkischen Landstände hinsichtlich des Erhalts vor allem der Vikarien in der Grafschaft Mark reagiert. Es ist deshalb so interessant, weil in vielen Fällen die Reformation ihren Ausgang von der Besetzung von Kapellen und Vikarien nahm. Denn das Patronat über diese Stellen lag bei den Stiftern, präsentiert wurden die Stelleninhaber gewöhnlich dem zuständigen Pfarrer, während die Kandidaten für Pfarrkirchen von ihren Patronen in der Regel dem Archidiakon als Vertreter des Diözesanbischofs zu präsentieren waren. Stifter von Vikarien waren vor allem Familien, denen dann das Patronatsrecht vorbehalten blieb. Patrone der Kapellen auf adeligen Häusern waren deren Inhaber. Solche Vikarien und Kapellen wurden in der Regel vererbt, was dazu führte, dass die Inhaber nicht nur wechselten, sondern auch gar nicht mehr aus dem Raum kommen mussten, in denen die betreffenden Kirchen lagen. Patrone der Bochumer Filialkirche in Ümmingen waren beispielsweise im 17. Jahrhundert hintereinander Magdalena von Bentheim, Jeanette Elisabeth von Nassau, Konrad von Strünkede und Dietrich von Syberg zum Busch gewesen.[24] Dementsprechend waren von den acht auf der ersten lutherischen Synode der Grafschaft Mark in Unna 1612 anwesenden Geistlichen aus dem Amt Bochum nur die Hälfte Inhaber von Pfarrkirchen, die anderen dagegen Vikare oder Rektoren von Kapellen adeliger Häuser.[25] Lag damit die Besetzung solcher Stellen in der Hand privater Kollatoren und vollzog sich die Präsentation oft nur auf lokaler Ebene, waren sie auf diese Weise natürlich das gegebene Einfallstor für die Reformation. Dementsprechend waren wie erwähnt in Bochum zuerst auf Haus Weitmar und dann in der Unterherrschaft Langendreer von den Patronen protestantische Prediger eingesetzt worden. Dieser Vorteil verwandelte sich aber dann ins Gegenteil, wenn die Kollatoren die Vikarien nicht mehr besetzten oder umwandelten. Darüber hinaus waren diese Stellen materiell sehr ungleich fundiert und erreichten in der Regel nicht die Ausstattung einer klassischen Pfarrkirche. Alle diese Probleme dokumentiert das erwähnte Edikt von 1607.[26]

Die Beschwerde der märkischen Landstände bezieht sich darauf, dass *die Vicarien, Capellen und andere dergleichen geistliche officia und beneficia einßdeils unvergeben gelassen, oder zu anderen prophan sachen angewendet oder ir nit bedient theils auch die darzu gehorige guter und auffkompst vertunckelt verkaufft permutiret vnd verbracht vnd also nit allein der gottesdienst zurück gestellt sonder auch wir an vnseren recht vnd landtsteuren mircklich verkurtzet werden.* Deshalb und weil diese Stellen auch der posteritet zum besten solte gereichen wird den Amtleuten der Grafschaft befohlen, einen Bericht über den Zustand dieser Stellen bei der Regierung einzureichen: *eine eigentliche designation von aller Vicarien und geistlichen Beneficien aldair sampt dero altaren und collatores oder patronen nehmen und jedes zugehoriger guter gult, renthen und aufkompsten, dan auch was personen darin presentiret sein, ob die residiren oder nit, an welchen orten die absenten sich vorhalten und was der hendell und furhabens is oder ir ob der vaciren oder zu was anderen Sachen angewendet werden. Item ob einige guter und auffkumpsten davon verdunkelt, alienirt oder verbracht sein etc.* Von diesen geforderten Aufzeichnungen hat sich zwar nichts erhalten, aber im Fall von Harpen und Lütgendortmund hat es 1634 Untersuchungen über die ordnungsgemäße Kollatur der Vikarien gegeben.[27] Interessant ist an diesem Edikt auch der Verweis auf die Besteuerung solcher Stellen durch den Landesherren. Und dass die damit verbundene Behauptung der Verkürzung des fürstlichen Rechts keine leere Redewendung ist, beweisen die Bestimmungen des sogenannten Nebenrezesses zwischen den possedierenden Fürsten von Brandenburg und von der Pfalz aus dem Jahr 1666.

Der Nebenrecess – unterzeichnet vom Kurfürsten Friedrich Wilhelm von Brandenburg und Philipp Wilhelm von der Pfalz – *über den Punctum Religionis und andere geistliche Sachen in denen Gülich-Clevischen und angehörigen Landen* gehörte zu den Verträgen, in denen die Aufteilung der vereinigten Territorien zwischen Brandenburg und

Pfalz abschließend geregelt wurde.[28] Er sollte die Glaubensgemeinschaften in den betroffenen Ländern schützen, garantierte und erweiterte aber gleichzeitig auch das jeweilige landesherrliche Kirchenregiment. Er enthielt deshalb Bestimmungen zur Feststellung des jeweiligen Besitzstandes der unterschiedlichen konfessionellen Gemeinden. Vor allem *sollten verordnete Commissarien zu Beruhigung beyderseits Religions-Verwandten und Unterthanen dahin sehen, wie ein jederer Religion ihre absonderliche Kirch oder Capell angewiesen werden möge; auch den Predigern so wohl alß Untertanen einbinden und auff alle billige Wege und Mittel bedacht sein, daß einer den andern in seiner Religion-Übung nicht verhinderen und sich mit deme ihme angewiesenen Ort, auch Zeit und Stunde begnüge. In Theilung der vor alters in den Kirchen gehörigen und ante turbationem gehabten Rhenten aber durhgehende Gleichheit gehalten werde.[29] Andererseits wurde vor allem die Kontrolle über den kirchlichen Besitz verschärft. Bestimmt wurde, dass es einer jeden Religion Obrigkeit unbenohmen, sondern austrücklich vorbehalten bleibt, durch sich selbst oder ihre darzu verordnete Commissarien über ihrer Religion zugehörige Güter, Rhenten und Gefälle zu Beförderung mehrern Ehren Gottes und bessern Kirchen-Dienst, wie solches den catholischen Geistlichen Rechten oder der evangelischer Kirchen-Ordnung gemäß ist, zu verordnen und zu disponiren; darüber jedoch der Patronen Willen und Consens (dafern die Rhenten zu einem Beneficio Juris Patronatus gehörig) vor allem eingeholt und erlangt werden solle. Was aber die jenige Stifftungen und Fundationes, welche nicht zu dem catholischen Gottes-Dienst, sondern pro studiis und anderen löblichen Exercitiis auffgericht worden, anbelangt, da bleibt den Collatoribus frey und bevor darmitten nach Inhalt der Fundation zu verfahren und zu disponiren.[30]*

Damit wird die Kontrolle des Kirchenbesitzes und der Kirchenkasse durch die staatliche Obrigkeit zur Regel. Der Abschnitt über die nicht-katholischen kirchlichen Stiftungen sei nur angeführt, um mit den Studienstiftungen eine charakteristische protestantische Stiftungsform anzuführen, die die alten Vikarie- und Altarstiftungen ablöste. Eine solche Stiftung für bedürftige lutherische Studenten aus Dortmund und Bochum, die Prediger werden wollten, enthält auch das Testament der Elisabeth von der Leithen auf Haus Laer, die in Dortmund starb, vom Jahre 1598.[31]

Ein folgenreicher Passus sei noch zitiert: dass nämlich die Landesherren berechtigt seien, *das offentliche Religions-Exercitium ohne Nachtheil und Beschwär der andern Religion auf seine Kösten einzuführen, so dan allen so wohl Römisch-Catholischen als Evangelisch Reformierten und lutherischen Religions-Verwandten, welche das Publicum Exercitium und Jus vocandi haben und darin restituirt werden, Kirchen und Predighäuser, Schulen und Capellen zu bauen und zu verbessern, zu erweitern, einen oder mehrere Pastores, Prediger und Schuldiener nach jeder Religion, Kirchen-Ordnung und Satzungen auf ihre Kösten und ohne der andern Religion Beschwär und Nachtheil zu berufen, frei stehen.*[32]

Das war ein besonders wichtiger Punkt für den Großen Kurfürsten Friedrich Wilhelm von Brandenburg, der als eifriger Kalvinist bewusst die Reformierten, die in der Grafschaft Mark zunächst nur eine kleine Gruppe dargestellt hatten, gefördert, und damit faktisch die Konfessionsspaltung vor Ort noch vergrößert hatte.[33] Dass dieses Recht der Gründung neuer Kirchen den beiden protestantischen Konfessionen und der katholischen gleichermaßen zukam, bedeutete zwar formal Toleranz, war aber für die Lutheraner eine kaum akzeptable Herausforderung. Denn schon das 1664 für Brandenburg erlassene Religionsedikt Friedrich Wilhelms, das den Lutheranern und den Reformierten öffentliche Kritik von der Kanzel an den Lehren der jeweils Andersgläubigen zu üben verbot und die Bekenntnisschriften der evangelisch-lutherischen Kirche in ihrer Geltung einschränkte, führte zu einem erbitterten Kampf der lutherischen Orthodoxie gegen dieses Edikt.[34]

Das sollte auch Auswirkungen auf das Amt Bochum und die Unterherrschaft Stiepel haben. Denn 1669 erging ein Mandat an den Bochumer Amtmann, die in Stiepel nicht verkündeten Religionsedikte des Landesherren verkünden zu lassen und sich selbst dafür zu rechtfertigen, warum er die entsprechenden Befehle nicht ausgeführt habe.[35] Welche Edikte damit gemeint gewesen sein können, verrät der Text nicht, es dürfte sich aber vor allem um den Nebenrecess von 1666 gehandelt haben. Der Vorgang selber entbehrt nicht einer gewissen Pikanterie. Stiepel war zwar eine Unterherrschaft und ihr Inhaber der Patron der Pfarrkirche, aber er war verpflichtet, die landesherrlichen Edikte von der Kanzel verkündigen zu lassen. Dass der damalige Unterherr Friedrich Matthias von Syberg das in diesem Fall nicht tat, dürfte mit seiner streng lutherischen Überzeugung zusammenhängen, die er in seinem Testament von 1686/1688 mit der Verfügung unter Beweis stellte, dass alle seine Vermächtnisse für die Kirche hinfällig sein sollten, falls sich deren lutherische Konfession ändern würde.[36] Der damalige Amtmann von Bochum war Johann Dietrich von Syberg (1654-1676), Onkel des Friedrich Matthias. Auch er war entschiedener Lutheraner, galt als persönlich fromm und gehörte zu den Förderern der 1655-59 erbauten Bochumer Pauluskirche.[37] Die Vermutung ist deshalb erlaubt, dass er, obwohl vom Großen Kurfürsten persönlich mit Aufträgen bedacht, in diesem Fall religiöse Familiensolidarität über die Loyalität zum Landesherren gestellt hatte.

Auch dieses Beispiel zeigt, wie tief die Gräben zwischen den Konfessionen im 16. und 17. Jahrhundert waren. Von ihnen waren tolerante Konfliktlösungen in den religiösen Auseinandersetzungen nicht zu erwarten. Sie waren auf den Landesherrn als Schiedsrichter und Garanten einer stabilen Ordnung angewiesen und erzwangen damit ungewollt eine immer stärkere Verankerung des landesherrlichen Kirchenregiments in den Territorien. Dieser Tendenz konnte sich die Obrigkeit angesichts der gemischtkonfessionellen Struktur nicht verschließen – und sie wollte es auch nicht. Ein erster wichtiger Schritt war die von oben angeordnete Gleichbehandlung der Lutheraner, Reformierten und Katholiken. Aber sie wurde von den Untertanen nur dann akzeptiert, wenn nicht der Verdacht bestand, dass der Landesherr auf diese Weise doch die von ihm favorisierte Konfession begünstigen wollte. Darauf ganz zu verzichten, war aber wie erwähnt einem Fürsten wie Friedrich Wilhelm von Brandenburg angesichts seiner entschieden reformierten Einstellung kaum möglich. Denn die vollkommene Neutralität des Herrschers vertrug sich nur schwer mit seiner persönlichen Religiosität.

Es blieb den Herrschern des aufgeklärten Absolutismus vorbehalten, diesen Schritt zur konsequenten staatlichen Neutralität zu tun. Friedrich der Große hat das in seinem politischen Testament von 1752 so formuliert: „Katholiken, Lutheraner, Reformierte, Juden und zahlreiche andere christliche Sekten wohnen in Preußen und leben friedlich beieinander. Wenn der Herrscher aus falschem Eifer auf den Einfall käme, eine dieser Religionen zu bevorzugen, so würden sich sofort Parteien bilden und heftige Streitereien ausbrechen. Allmählich würden Verfolgungen beginnen, und schließlich würden die Anhänger der verfolgten Religion ihr Vaterland verlassen, und Tausende von Untertanen würden unsere Nachbarn mit ihrem Gewerbefleiß bereichern und deren Volkszahl vermehren.

Für die Politik ist es völlig belanglos, ob ein Herrscher religiös ist oder nicht. Geht man allen Religionen auf den Grund, so beruhen sie auf einem mehr oder minder widersinnigen System von Fabeln. Ein Mensch von gesundem Verstand, der diese Dinge kritisch untersucht, muss unfehlbar ihre Verkehrtheit erkennen. Allein diese Vorurteile, Irrtümer und Wundergeschichten sind für die Menschen gemacht, und man muss auf die große Masse soweit Rücksicht nehmen, dass man ihre religiösen Gefühle nicht verletzt, einerlei, welchem Glauben sie angehören".[38]

Einen größeren Gegensatz zum Rollenverständnis der Landesherren in Kirchenfragen des 15. Jahrhunderts kann man sich wohl kaum vorstellen. Wurde das Kirchenregiment in seinen Anfängen in den vereinigten Territorien von frommen Fürsten ausgeübt, so steht am Ende der Entwicklung ein König als Garant freier Religionsausübung – und das als persönlicher Religionsverächter. Aber dieses paradoxe Ergebnis ergab sich als logische Folge aus der historischen Angewiesenheit der Konfessionen auf den Staat; und es belegt, dass auch für den aufgeklärten Absolutismus das Kirchenregiment unabdingbarer Teil der Politik blieb.

Anmerkungen

[1] Franz Darpe: Geschichte der Stadt Bochum (Nachdruck der Ausgabe Bochum 1894), Bochum 1991, S. 162-165.

[2] Franz Darpe: Die Anfänge der Reformation und der Streit über das Kirchenvermögen in den Gemeinden der Grafschaft Mark, in: Zeitschrift für vaterländische Geschichte und Altertumskunde 51 (1893), S. 71. – Dieter Scheler: Haushalt und Archiv eines Pfarrers: Das Inventar des Heinrich Stoedt von Harpen, in: Stefan Pätzold / Reimund Haas (Hrsg.): Pro cura animarum: Mittelalterliche Pfarreien und Pfarrkirchen an Rhein und Ruhr. (Studien zur Kölner Kirchengeschichte; 43), Siegburg 2016, S. 183-194.

[3] Zur Geschichte der Reformation in der Grafschaft Mark zuletzt: Oliver Becher: Herrschaft und autonome Konfessionalisierung: Politik, Religion und Modernisierung in der frühneuzeitlichen Grafschaft Mark, Essen 2006. – Werner Freitag: Die Reformation in Westfalen, Münster 2016, S.193-226.

[4] Otto R. Redlich: Staat und Kirche am Niederrhein zur Reformationszeit, (Schriften des Vereins für Reformationsgeschichte, Jahrgang 55, Heft 2, Nr. 164), Leipzig 1938. – Heribert Smolinsky: Jülich-Kleve-Berg, in: Anton Schindling (Hrsg.), Die Territorien des Reichs im Zeitalter der Reformation und Konfessionalisierung, Land und Konfession 1500-1650, Band 3: Der Nordwesten, 2. Auflage, Münster 1996, S. 86-106. - Susanne Becker: Zwischen Duldung und Dialog: Wilhelm V. von Jülich-Kleve-Berg als Kirchenpolitiker, (Schriftenreihe des Vereins für Rheinische Kirchengeschichte; 184), Bonn 2014.

[5] Ein besonders eindrucksvolles Beispiel dafür ist der klevische Diplomat Dietrich Stock: Hans-Jürgen Brandt: Klevisch-märkische Kirchenpolitik im Bündnis mit Burgund in der ersten Hälfte des 15. Jahrhunderts: Magister Dietrich Stock (+1470) Rat der Herzöge von Kleve-Mark, Burgund-Brabant und Geldern, in: Annalen des Historischen Vereins für den Niederrhein 178 (1976) S. 42-76.

[6] Friedrich Wilhelm Oediger (Hrsg.): Die Erzdiözese Köln um 1300, 1: Der Liber Valoris. (Publikationen der Gesellschaft für Rheinische Geschichtskunde; XII, 9, 1), Bonn 1967.

[7] LAV NRW W, Kleve Märkische Regierung, Landessachen, 655, f.50-52.

[8] Beste Darstellung des landesherrlichen Kirchenregiments: Wilhelm Janssen: Das Erzbistum Köln im späten Mittelalter 1191-1515: Zweiter Teil, (Geschichte des Erzbistums Köln; 2,2), Köln 2003, S. 406-423.

[9] LAV NRW W, Kleve Märkische Landstände, Akte Nr. 2, f. 121; 148.

[10] Heinz Schilling: Kraft der Veränderung, Kraft des Bewahrens: Die Fürsten Europas im Zeitalter der Reformation, in: Dirk Syndram (Hrsg.): Luther und die Fürsten, Dresden 2015, S. 17-27.

[11] Becker: Zwischen Duldung und Dialog, S. 28f.

[12] Becker: Zwischen Duldung und Dialog, S. 57-164.

[13] Otto R. Redlich: Jülich-Bergische Kirchenpolitik am Ausgange des Mittelalters und in der Reformationszeit; Bd. 1: Urkunden und Akten (1400-1553, (Publikationen der Gesellschaft für Rheinische Geschichtskunde; 28), Bonn 1907; S. 232-236; dazu Becker: Zwischen Duldung und Dialog, S. 64-69.

[14] Redlich: Jülich-Bergische Kirchenpolitik, 1, S. 246-252; dazu Becker: Zwischen Duldung und Dialog, S. 119-139.

[15] Otto R. Redlich: Jülich-Bergische Kirchenpolitik am Ausgange des Mittelalters und in der Reformationszeit; Bd. 2: Visitationsprotokolle und Berichte; Teil 1: Jülich (1533-1589), (Publikationen der Gesellschaft für Rheinische Geschichtskunde; 28), Bonn 1911, S. 2*-70*.

[16] Gutachten der Räte über die Visitationsordnung vom 29. Oktober 1532, in: Archiv für die Geschichte des Niederrheins 5 (1865/66), S. 99.

[17] Johann Diederich von Steinen, Westphälische Geschichte, Dritter Theil, Lemgo 1757, S. 680, dem offensichtlich zumindest Auszüge aus den Visitationsprotokollen noch vorgelegen haben dürften; anders Freitag, Die Reformation in Westfalen, S. 204.

[18] Antje Flüchter: Der Zölibat zwischen Devianz und Norm: Kirchenpolitik und Gemeindealltag in den Herzogtümern Jülich und Berg im 16. und 17. Jahrhundert, (Norm und Struktur; 25) Köln 2006, S. 255.

[19] Becker: Zwischen Duldung und Dialog, S. 346-350.

[20] Die amtlichen Erkundigungen aus den Jahren 1664-1667, in: Jahrbuch des Vereins für evangelische Kirchengeschichte Westfalens 13 (1911), S. 225-236, 14 (1912) S. 176-231, 15 (1913) S. 162-189, 16 (1914/15) S. 303-335, 18 (1916) S. 60-75.

[21] Ludwig Keller (Hrsg.): Die Gegenreformation in Westfalen und am Niederrhein; Aktenstücke und Erläuterungen, 1. Teil (1555-1585), (Publikationen aus den K. Preußischen Staatsarchiven; 9), Leipzig 1881, S. 93 (1560).

[22] Keller: Die Gegenreformation in Westfalen und am Niederrhein, 1, S. 98-100 (Landtag Dinslaken 1563).

[23] Becher: Herrschaft und autonome Konfessionalisierung, S. 217.

[24] LAV NRW W, Kleve Märkische Regierung, Landessachen 199.

[25] D. H. Rothert: Kirchengeschichte der Grafschaft Mark, Gütersloh 1913, S. 377.

[26] LAV NRW W, Kleve Märkische Regierung, Landessachen 655, f.93r, f.106r.

[27] LAV NRW W, Kleve Märkische Regierung, Landessachen 188.

[28] Nebenrecess zwischen dem durchleuchtigsten Fürst und Herren, Herren Friederich Wilhelmen Marggraffen zu Brandenburg und dem durchleuchtigsten Fürst und Herren, Herren Philipp Wilhelmen Pfaltzgraffen bei Rhein über den Punctum Religionis und andere Geistliche Sachen in denen Gülich-Clevischen und angehörigen Landen, o. O. 1666. – Interpretation des Vertrags: Becher: Herrschaft und autonome Konfessionalisierung, S. 55-57.

[29] Nebenrecess, S. 9.

[30] Nebenrecess, S. 27.

[31] Volker Frielinghaus: „Zu Behufs armer und fleißiger Studenten aus dem Kirchspiel Bochum" – Das Testament der Elisabeth von der Leithen auf Haus Laer von 1598, in: Jahrbuch der Ruhr-Universität 1985, S. 115-128.

[32] Nebenrecess, S. 10.

[33] Becher: Herrschaft und autonome Konfessionalisierung, S. 61.

[34] Dazu ausführlich Hugo Landwehr: Die Kirchenpolitik Friedrich Wilhelms, des Großen Kurfürsten, Berlin 1894, S. 215-230.

[35] LAV NRW W, Kleve Märkische Regierung, Landessachen 655, f.266.

[36] Gräflich von Spee'sches Archiv Ahausen, Bestand Westhausen-Wischlingen I A 4, f.2v.

[37] Interpretation der Leichenpredigt des Bochumer Pfarrers Albert Kramer auf Johann Dietrich: Becher: Herrschaft und autonome Konfessionalisierung, S.106f. – Becher macht Kramer irrig zum Pfarrer von Bochum.

[38] Gustav Berthold Volz (Hrsg.): Die Politischen Testament Friedrich's des Großen, Berlin 1920, S. 31 (Des Ecclésiastiques et de la religion).

Anhang

Bochumer Fenster zur Vergangenheit
Eine Busexkursion zu Orten der Reformation in Bochum

Peter Luthe

Am Freitag, den 23. September 2016, fand im Rahmen der Veranstaltungsreihe „Bochumer Fenster zur Vergangenheit: Die Reformation in Bochum und der Grafschaft Mark" von 13.00 bis 18.00 Uhr eine halbtägige Busexkursion statt. Ausgehend von der Pauluskirche in der Innenstadt führte die Exkursion an Orte in Bochum, an denen die Reformation in besonderer Weise ihre Spuren hinterlassen hat. An insgesamt fünf Stationen wurden die 48 Teilnehmer/-innen von ortskundigen Referent/-innen in Kurzvorträgen über die lokalen Eigenheiten informiert. Dabei wurde noch einmal am konkreten Ort deutlich, was sich in den vorangegangenen Vorträgen der Veranstaltungsreihe bereits andeutete: Die Einführung der Reformation in den unterschiedlichen Stadtteilen und Kirchengemeinden verlief alles andere als einheitlich, sondern führte zu einer sehr großen Bandbreite an unterschiedlichen theologischen und liturgischen Ausprägungen.

Gesamtleitung: Peter Luthe, Katholisches Forum Bochum

Eine Kooperationsveranstaltung der Evangelischen Stadtakademie Bochum, des Bochumer Zentrums für Stadtgeschichte (Stadtarchiv) und des Katholischen Forums Bochum.

Die Stationen im Einzelnen

1. **Sylvesterkapelle Haus Weitmar**
   Vortrag: Katharina Breidenbach M.A., Historikerin

2. **Pauluskirche, Bochum-Mitte**
   Vortrag: Pfarrer Jimmy Brown, Pfarrer der englischsprachigen Gemeinde an der Pauluskirche

3. Evangelischer Friedhof Bochum-Ümmingen

Vortrag: Clemens Kreuzer, Kenner der Historie der Bochumer Stadtteile Langendreer und Werne und Verfasser mehrerer Bücher zur Geschichte des Bochumer Ostens

4. Alte Dorfkirche Stiepel mit Friedhof

Vortrag: Dieter Heide, sachkundiges Gemeindemitglied

5. Evangelische Kirche am Alten Markt, Wattenscheid

Vortrag: Ehrhard Saleweski, sachkundiges Gemeidemitglied

Fotografie der Exkursionsorte: Peter Luthe

1. Sylvesterkapelle Haus Weitmar

2. Pauluskirche, Bochum-Mitte

3. Evangelischer Friedhof Bochum-Ümmingen

4. Alte Dorfkirche Stiepel mit Friedhof

5. Evangelische Kirche am Alten Markt, Wattenscheid

Die „Keimzelle" der Reformation in Bochum: Die Sylvesterkapelle zu Haus Weitmar

Katharina Breidenbach

Die Ruinen des Hauses Weitmar und der Sylvesterkapelle im Schlosspark lassen die einstige Schönheit des Ortes immer noch erahnen. Am 13. Mai 1943 wurden das Haus Weitmar und die dazugehörige Kapelle durch einen Fliegerangriff so schwer beschädigt, dass nur Teile der Mauern stehen blieben. Die dort seit 1780 ansässige Familie von Berswordt-Wallrabe musste das Gebäude daraufhin aufgeben. Heute zeigt sich die Ruine des Hauses Weitmar in modernem Gewand. Die Außenmauern wurden 2010 mit einem modernen Kubus verbunden, welcher zur *Situation Kunst (für Max Imdahl)* im Schlosspark gehört. Etwas versteckt liegt nordwestlich des Hauses die restaurierte Ruine der Sylvsterkapelle, die den Besucher in eine andere Zeit zurückversetzt. Die Kapelle wurde zu Ehren des hl. Sylvester[1] geweiht und das erste Mal 1397 urkundlich erwähnt. Jedoch lassen Ausgrabungen aus dem Jahr 2009 und die Baugeschichte der Kapelle vermuten, dass sie wesentlich älter ist und schon vor 1250 existierte.[2]

So weist die Ruine der Sylvesterkapelle sowohl romanische als auch gotische Bauelemente auf. Dies lässt ebenfalls darauf schließen, dass die Kapelle wesentlich älter ist, als ihre erste urkundliche Erwähnung. Der Überrest des Westturms der Kapelle wird von romanischen Elementen bestimmt. Es finden sich dort ein, für die Romanik typisches, Rundbogenportal und über diesem ein rundes Fenster, Oculus genannt. Im restlichen Teil der Kapellenruine dominieren auch heute noch gotische Elemente. So finden sich im Chor typisch gotische Spitzbogenfenster. Der Chor ist vom Langhaus durch drei Stufen abgetrennt und mit einer Tabernakelnische an der Nordwand und einer Lavabonische an der Südwand ausgestattet. Unter dem Langhaus befindet sich vermutlich eine Krypta, in der die Herren von Haus Weitmar und Bärendorf beigesetzt wurden.[3] Seit Ende des 14. Jahrhunderts gehörte die Sylvesterkapelle zur Pfarrei Bochum und unterstand der Petrikirche, heute Propsteikirche. Die Kapelle wurde von der auf Haus Weitmar ansässigen Adelsfamilie sowie ihrem Gesinde und den umliegenden Bauernschaften genutzt. Ab der Mitte des 15. Jahrhunderts änderten sich die Besitzverhältnisse des Hauses Weitmar und auch der kirchenrechtliche Status der Sylvesterkapelle veränderte sich. So bekam 1464 Wennemar von Brüggeney genannt Hasenkamp die Erlaubnis sich in Weitmar ein neues Wohnhaus zu errichten, da das alte Haus in Stiepel baufällig geworden war. Ab 1481 wurde er auch vom Abt von Werden mit dem Hof Weitmar sowie den dazugehörigen Ländereien belehnt.[4] 1471 erlaubte der Bochumer Pfarrer Johann von Hasenkamp seinem Bruder Wennemar die Sylvesterkapelle zur eigenständigen Kirchspielkirche in Weitmar zu erheben, jedoch mit beschränkten Rechten. Wennemar konnte nun einen eigenen Priester für die Kapelle anstellen. Dieser hatte sämtliche kirchenrechtlichen Befugnisse, bis auf die Durchführung von Taufen und Beerdigungen. Für diese mussten die Weitmaraner weiterhin nach Bochum und dort die entsprechenden Gebühren an den Drost von Bochum entrichten. In Folge der Erhebung der Sylvesterkapelle zur eigenständigen Kirchspielkirche war es der Pfarrkirche Bochum nicht mehr möglich ihr Patronatsrecht[5] in Weitmar auszuüben. Dieses Recht ging nun an den Herrn des Hauses Weitmar über und beinhalte unter anderem die Ernennung eines Pfarrers.[6]

Die ersten Tendenzen zur Reformation lassen sich in Weitmar schon im Jahr 1543 nachweisen, während in Bochum erst mit dem Pfarrer Johann Bömken ab ca. 1557 die Reformation Einzug hielt. Aus diesem Jahr ist bekannt, dass sich der Herr auf Haus Weitmar, Wessel von Hasenkamp, in Teilen zur Reformation bekannte. In der Sylvesterkapelle las der Pfarrer die Messe in deutscher Sprache und auch die Psalmen wurden auf Deutsch gesungen. Insbesondere aber die Familie von Eikkel, welche seit 1577 ebenfalls in Teilen mit dem Haus Weitmar belehnt und dort ansässig wurde, neigten der Reformation zu und förderte den evangelischen Glauben in Weitmar in den folgenden Jahren.[7]

Nachdem nun die Herren auf Haus Weitmar sich zur Reformation bekannt hatten, folgten im Jahr 1549 auch der Ort und die umliegenden Bauernschaften ihrem Beispiel. So ist aus dieser Zeit bekannt, dass der

Pfarrer Hermann Doshoff verheiratet gewesen war, was als ein sicheres Anzeichen für eine evangelisch gesinnte Gemeinde gedeutet werden kann. Er kann somit als der Begründer der evangelischen Gemeinde Weitmar gelten. Als ersten offiziellen evangelischen Pfarrer in Weitmar lässt sich im Mai 1572 Johann Hackmann nachweisen. Dieser heiratete eine von Hasenkamp, welche nach einer kurzen Ehe an der Pest verstarb. Danach heiratete Hackmann seine Magd.[8] Ab diesem Zeitpunkt lässt sich in Weitmar auch von einer selbstständigen, lutherischen Kirchengemeinde sprechen.

Verbunden mit dem Fortschreiten der Reformation in Weitmar waren auch weitreichende Folgen für die Gemeinde verbunden. So war es der Gemeinde nun gestattet selbst einen Pfarrer zu wählen. Die Übertragung der Pfarrstelle erfolgte aber immer noch durch das Patronatsrecht des Herrn auf Haus Weitmar, was in den folgenden Jahrzehnten immer wieder zu Spannungen führte. Des Weiteren löste sich die Gemeinde Weitmar durch das Bekenntnis zum Luthertum vollständig von der katholischen Mutterkirche in Bochum ab. Katholische Begräbnisse waren nur noch in Bochum möglich und für diese mussten Ablösegebühren an den evangelischen Pfarrer entrichtet werden. Der Friedhof neben der Kapelle war nur noch den evangelischen Gemeindemitgliedern vorbehalten. Insgesamt verlief der Reformationsprozess bis hierhin fast konfliktfrei, anders als in einigen Nachbargemeinden. Auch den Dreißigjährigen Krieg, die damit verbundene Gegenreformation und Plünderungen durch die Spanier im Jahr 1623 überstand Weitmar sowie die evangelische Gemeinde fast unbeschadet.[9]

Jedoch blieb das Verhältnis zwischen der evangelischen Gemeinde und den Herren des Hauses Weitmar nicht konfliktfrei. Denn die von Hasenkamps blieben katholisch und waren ab 1618 die Patronatsherren auf Haus Weitmar. Sie hatten somit das Recht über den Pfarrer der evangelischen Gemeinde zu entscheiden. Auch die Besitzverhältnisse der Sylvesterkapelle gaben Anlass zu Auseinandersetzungen. So erschien im Jahr 1663 „Das Brandenburgische Sündenregister" eines anonymen Autors in Düsseldorf.[10] In diesem wurden Beschwerden festgehalten, die zeigten, wo mit der katholischen Kirche in den clevesischen Ländern widerrechtlich verfahren worden war. So lautet eine Beschwerde, dass die Sylvesterkapelle in Weitmar der katholischen Kirche zurückgegeben werden sollte. Die evangelische Gemeinde wehrte sich dagegen und führte an, dass man die Kapelle renoviert habe sowie neue Glocken angeschafft und ein Pfarrhaus gebaut habe. Zudem befand sich die Kapelle in dem Normaljahr[11] 1624 in evangelischem Besitz. Die Beschwerde sowie die Gegendarstellung wurden geprüft und die Beschwerde wurde als unbegründet abgewiesen. Die Sylvesterkapelle verblieb somit in evangelischem Besitz.[12]

Eine weitere Episode, welche das Spannungsverhältnis zwischen dem katholischen Patronatsherrn und der evangelischen Gemeinde verdeutlicht, war die Einsetzung des Pfarrers Johann Schwefflinghaus im Jahr 1680. Dieser war von der Gemeinde ordnungsgemäß gewählt worden und in Unna ordiniert worden. Johann Georg von Hasenkamp verweigerte als Patronatsherr seine Zustimmung und Schwefflinghaus konnte sein Amt in Weitmar nicht antreten. Johann Georg von Hasenkamp wollte im Zuge dessen auch sein Patronatsrecht über die evangelische Gemeinde weiter ausdehnen. So verlangte er auch, dass er seine Zustimmung zur Wahl des Küsters und der Kirchenräte geben musste, bevor diese ihre Ämter antraten. Die evangelische Gemeinde setzte sich gegen diese unrechtmäßige Patronatsausübung zur Wehr. Sie verfasste Beschwerden an den Vorstand der märkisch-lutherische Generalsynode, welche diese an die Landesregierung weiterleitet. Die Landesregierung entschied in diesem Streit 1687 für die evangelische Gemeinde. Sie legte unter anderem fest, dass der Patronatsherr, unabhängig von seiner Konfession, seine Zustimmung zum Pfarrer nicht verweigern durfte, wenn dieser von der Gemeinde ordnungsgemäß gewählt worden war.[13]

Im 18. Jahrhundert entspannte sich das Verhältnis zwischen dem Herrn des Hauses Weitmar und der evangelischen Gemeinde. Doch zunächst baute sich der Herr von Hasenkamp 1748 eine neue katholische Kapelle. Der Standort dieser Kapelle ist heute im Schlosspark nicht mehr sichtbar. Im Jahr 1764 verstarb der letzte Patronatsherr der Familie von Hasenkamp plötzlich und das Haus Weitmar samt Besitz wurde verkauft bzw. verpachtet, da die Familie bankrott war.[14] Das Haus Weit-mar wurde daraufhin 1774 von dem Herrn Friedrich Goswin von Vaerst gekauft und an ihn ging auch das Patronatsrecht über. Von Vaerst war evangelisch und die Konflikte zwischen der Gemeinde und dem Patro-natsherrn nahmen somit ein Ende.[15]

Im Jahr 1774 wurde auch die hölzerne Kanzel der Sylvesterkapelle der evangelischen Dorfkirche in Witten-Herdecke gestiftete. Diese ist heute dort noch erhalten. Die Gemeinde nutze die Sylvesterkapelle bis in die 1868 als ihr Gotteshaus. Aufgrund des schlechten Bauzustandes und der Größe der Gemeinde zog die Gemeinde 1868 in die neue Mat-thäuskirche in der Matthäusstraße. Hierhin wurde auch ein Teil des In-ventars der Sylvesterkapelle überführt, wie die Glocken und der barocke Altar, welche aber heute nicht mehr erhalten sind.[16]

Die Sylvesterkapelle in Weitmar kann somit die „Keimzelle" der Reformation in Bochum gelten. Hier wurde sich das erste Mal zu den reformierten Lehren Luthers bekannt und der Gottesdienst in deutscher Sprache gehalten. Des Weiteren lässt sich an dieser kleinräumigen Dar-stellung der Prozess der Reformation, welcher jahrzehntelang dauern konnte und Verflechtungen von religiösen, politischen sowie gesell-schaftlichen Verhältnissen beinhaltet, sehr gut erläutern. Besonders deutlich wird dieser Prozess durch die Konflikte der Gemeinde mit dem katholischen Herrn auf Haus Weitmar. Insgesamt zeigt das Beispiel Weitmar, wie die Reformation in Westfalen typischerweise durch die lokalen Adeligen und Bevölkerungen vorangetrieben wurde.

Quellen
– Wochentliche Duisburgische Auf das Interesse der Commercien, der Clevischen, Geldrischen, Meurs- und Märckischen, auch umliegenden Landes Orten, eingerichtete Adresse- und Intel-ligentz-Zettel XII (1764).
– Wochentliche Duisburgische Auf das Interesse der Commercien, der Clevischen, Geldrischen, Meurs- und Märckischen, auch umliegenden Landes Orten, eingerichtete Adresse- und Intel-ligentz-Zettel XXII (1764).

Literatur
– Berneiser, Willi: Haus Weitmar, in: Bochumer Heimatbuch, 7 (1958), S. 95-97.
– Birr, Christine: Art. Patronat, in: Enzyklopädie der Neuzeit 9 (2009), Sp. 940-943.
– Darpe, Franz: Geschichte der Stadt Bochum nebst Urkundenbuch, Bochum 1894.
– Fuchs, Ralf-Peter: Art. Normaljahr, in: Enzyklopädie der Neuzeit 9 (2009), Sp. 240-242.

- Laschober, Elfie: St. Sylvester in Weitmar, in: Humberg, Norbert (Hg.): Lebensraum Kirche, Pfarrei St. Franziskus Bochum, Bochum 2013, S. 8-19
- Pätzold, Stefan: Haus Weitmar, in: Niederhöfer, Kai (Hg.): Burgen AufRuhr, Unterwegs zu 100 Burgen, Schlössern und Herrensitzen in der Ruhrregion, Essen 2010, S. 27-31.
- Petersen, Carl: Die Feier des dritten Jubelfestes der Reformation in der evangelischen Gemeinde zu Weitmar im Jahr 1817, Essen 1817.
- Traerger, Jörg: Art. Silvester I., in: Lexikon der christlichen Ikonographie 8 (1976), Sp. 353-358.
- Werbeck, Wolfgang: Zur Bochumer Reformationsgeschichte. Eine Übersicht, in: Presbyterium der evangelischen Kirche Weitmar (Hg.): Geschichte der Evangelischen Kirchengemeinde Weitmar, 1572-1972, Bochum 1972, S. 6-13.
- Wintzer, Wolfram/Kneppe, Cornelia: Ein bewegtes Schicksal: zur Geschichte von Haus Weitmar in Bochum, in: Archäologie in Westfalen-Lippe 1 (2009), S. 98-101.
- Zahlhaus, Gerhard: Zur Weitmarer Reformationsgeschichte. Eine Zusammenstellung, in: Presbyterium der evangelischen Kirche Weitmar (Hg.): Geschichte der Evangelischen Kirchengemeinde Weitmar, 1572-1972, Bochum 1972, S. 16-24.

Anmerkungen

[1] Silvester I. war Bischof von Rom (31.01.314-31.12.335). Er gilt als Schutzpatron der Haustiere. Sein Namenstag ist der 31. Dezember. Traeger, Art. Silvester I., Sp. 353-354.

[2] Wintzer/Kneppe, Schicksal, S. 98-99; Pätzold, Haus Weitmar, S. 28-29; Laschober, St. Sylvester, S. 14, S. 18; Berneiser, Weitmar, S. 95.

[3] Pätzold, Haus Weitmar, S. 28-29; Laschober, St. Sylvester, S. 14; Petersen, Jubelfeier, S. 31-32.

[4] Darpe, Urkundenbuch Nr. 117.

[5] Patronat/Patronatsrecht bezeichnet im Kirchenrecht eine Summe von Rechten und Pflichten, die einer natürlichen oder juristischen Person an einer Kirche bzw. an kirchlichen Pfründen zukam. Birr, Art. Patronat, Sp. 240.

[6] Berneieser, Weitmar, S. 95-96; Pätzold, Haus Weitmar, S. 29; Laschober, St. Sylvester, S. 12; Zahlhaus, Weitmarer Reformationsgeschichte, S. 18-19.

[7] Werbeck, Bochumer Reformationsgeschichte, S. 8-9; Zahlhaus, Weitmarer Reformationsgeschichte, S. 19; Darpe, Bochum, S. 162-164.

[8] Darpe, Bochum, S. 165.

[9] Werbeck, Bochumer Reformationsgeschichte, S. 8; Zahlhaus Weitmarer Refromationsgeschichte, S. 20; Darpe, Bochum, S. 230.

[10] Vgl. Zahlhaus, Weitmarer Reformationsgeschichte, S. 20. Das Register konnte bei bisherigen Recherchen leider nicht aufgefunden werden.

[11] Ein Normaljahr ist ein Entscheidungsjahr, in dem die konfessionellen Besitzverhältnisse im Heiligen Römischen Reich nach dem Westfälischen Frieden (1648) festgelegt wurden. Als Normaljahr gilt nur das Jahr 1624. Fuchs, Art. Normaljahr, Sp. 940.

[12] Zahlhaus, Weitmarer Reformationsgeschichte, S. 20.

[13] Zahlhaus, Weitmarer Reformationsgeschichte, S. 20-21;

[14] Vgl. hierzu Duisburgische Adresse- und Intelligentz-Zettel, XII (1764) und Duisburgische Adresse- und Intelligentz-Zettel XXIII (1764).

[15] Zahlhaus, Weitmarer Reformationsgeschichte, S. 21; Pätzold, Haus Weitmar, S. 30; Petersen, Jubelfeier, S. 43; Berneiser, Weitmar, S.97.

[16] Pätzold, Haus Weitmar, S. 29-30; Zahlhaus, Weitmarer Reformationsgeschichte, S. 22.

Autoren- und Herausgeberverzeichnis

Michael Basse

Dr. Michael Basse ist Professor für Evangelische Theologie an der TU Dortmund mit dem Schwerpunkt Kirchen- und Theologiegeschichte. Mehrere Veröffentlichungen zum Thema Ruhrgebiet und Reformation.

Katharina Breidenbach

Katharina Breidenbach, M.A., ist Historikerin und freiberufliche Dozentin. Forschungsschwerpunkte: Frühe Neuzeit, Historische Migrationsforschung, Konfessionsgeschichte, Kulturgeschichte und Geschlechtergeschichte.

Ralf-Peter Fuchs

Dr. Ralf-Peter Fuchs ist Professor für Landesgeschichte der Rhein-Maas-Region an der Universität Duisburg-Essen und Direktor des Instituts für niederrheinische Kulturgeschichte und Regionalentwicklung (InKuR). Zahlreiche Arbeiten zur Geschichte der Frühen Neuzeit.

Clemens Kreuzer

Clemens Kreuzer ist seit 1979 in Bochum kulturpolitisch tätig. Er war mehrere Jahrzehnte Mitglied des Rates der Stadt und dessen Kulturausschusses, dem er bis heute angehört. Zahlreiche Buch- und Zeitschriften-Veröffentlichungen sind von ihm zur Kulturgeschichte, Kirchengeschichte, politischen Geschichte und Siedlungsgeschichte der Region erschienen.

Arno Lohmann

Arno Lohmann, Pfarrer, war 19 Jahre Leiter der Ev. Tagungs- und Bildungsstätte Haus Nordhelle. Seit 2009 ist er Leiter der Evangelischen Stadtakademie Bochum; Mitglied im Vorstand des Evangelischen Erwachsenenbildungswerks Westfalen und Lippe e.V.

Peter Luthe

Peter Luthe, geb. 1955 in Essen, Studium der Katholischen Theologie und der Philosophie für das Lehramt der Sekundarstufe II (1. und 2. Staatsexamen), verschiedene Tätigkeiten im Bereich der Erwachsenenbildung und der Arbeitsverwaltung, seit 1993 Pädagogischer Mitarbeiter beim Bildungswerk des Bistums Essen, seit 1996 Leiter des Katholischen Forums Bochum.

Stefan Pätzold

Dr. Stefan Pätzold ist stellvertretender Leiter des Bochumer Zentrums für Stadtgeschichte, daneben Lehrbeauftragter der Ruhr-Universität Bochum und ordentliches Mitglied der Historischen Kommission für Westfalen. Schwerpunkt: die mittelalterliche Geschichte an Rhein und Ruhr.

Dieter Scheler

Dr. Dieter Scheler ist Honorarprofessor am Lehrstuhl für die Geschichte des Späteren Mittelalters an der Ruhr-Universität Bochum. Schwerpunkte: Sozial- und Wirtschaftsgeschichte, Kirchen- und Frömmigkeitsgeschichte, grenzüberschreitende Regionalgeschichte, Lokalgeschichte Ruhrgebiet.